漯河市政府“漯河桥梁建筑特色及其对城市建设的影响”资助项目
河南省土木建筑学会资助项目

中原桥城·漯河

河南省土木建筑学会桥梁建筑文化研究中心　编
刘志杰　主编

中国建材工业出版社

图书在版编目（CIP）数据

中原桥城·漯河 / 刘志杰主编；河南省土木建筑学会桥梁建筑文化研究中心编．—北京：中国建材工业出版社，2016.4

ISBN 978-7-5160-1402-8

Ⅰ.①中… Ⅱ.①刘…②河… Ⅲ.①桥梁工程－建筑史－漯河市 Ⅳ.①U44-092

中国版本图书馆CIP数据核字(2016)第047463号

中原桥城·漯河

河南省土木建筑学会桥梁建筑文化研究中心　编

刘志杰　主编

出版发行：中国建材工业出版社

地　　址：北京市海淀区三里河路1号

邮　　编：100044

经　　销：全国各地新华书店

印　　刷：北京盛通印刷股份有限公司

开　　本：889mm×1194mm　1/16

印　　张：10.5

字　　数：248千字

版　　次：2016年4月第1版

印　　次：2016年4月第1次

定　　价：117.00元

本社网址：www.jccbs.com.cn　微信公众号：zgjcgycbs

本书如出现印装质量问题，由我社市场营销部负责调换。联系电话：（010）88386906

本书编委会

名誉主任委员：张社魁　王召东
主 任 委 员：刘国勤
副主任委员：王新泉　甘德建　黄建民
委　　　员：（按姓氏笔画排序）
马改民　于怀洋　史凤民　叶秀芳　尼宏杰
刘素岩　朱文红　朱晓红　齐新卷　宋孟欣
姚云华　项瑞柱　高文献　效剑锋　晋民伟
晁　伟　黄耀春

主　　　审：石振中
主　　　编：刘志杰
副　主　编：尼宏杰　赵冬梅　赵永胜　张韶敏
参　　　编：（按姓氏笔画排序）
王海防　王　剑　王艳彬　王　璐　尼景升
田永刚　齐　放　吕树民　刘　超　张二华
张　项　李　皓　李君芳　李志英　宋义涛
宓　静　赵克勤　赵亚非　耿加会　姚艳红
晁会军　梁占杰　臧明涛

特 别 鸣 谢：漯河市市政工程设计院

摄影：王晓东

沙颍河航运开发

沙颍河周口至漯河段航运开发工程（漯河段）是河南省确定的重点项目，项目总投资3.85亿元，计划工期三年。主要工程内容包括港口工程和航道工程。港口工程即漯河港，占地面积522.3亩，设计年吞吐量460万吨，包括11个500吨级泊位（一期建设9个泊位）和1个工作船泊位。航道工程按照Ⅳ级航道标准建设，全长13.5公里。

漯河港鸟瞰图

漯河是个好地方

摄影：王晓东

1985 年 2 月 26 日，邓小平、王震乘专列途经漯河，在车厢里接见了专程从郑州赶来的河南省委书记刘杰及漯河市委书记王惠杰等。邓小平详细了解了漯河的一些基本情况后说，漯河是个好地方。

漯河市区河流示意图

西城区桥梁位置示意图

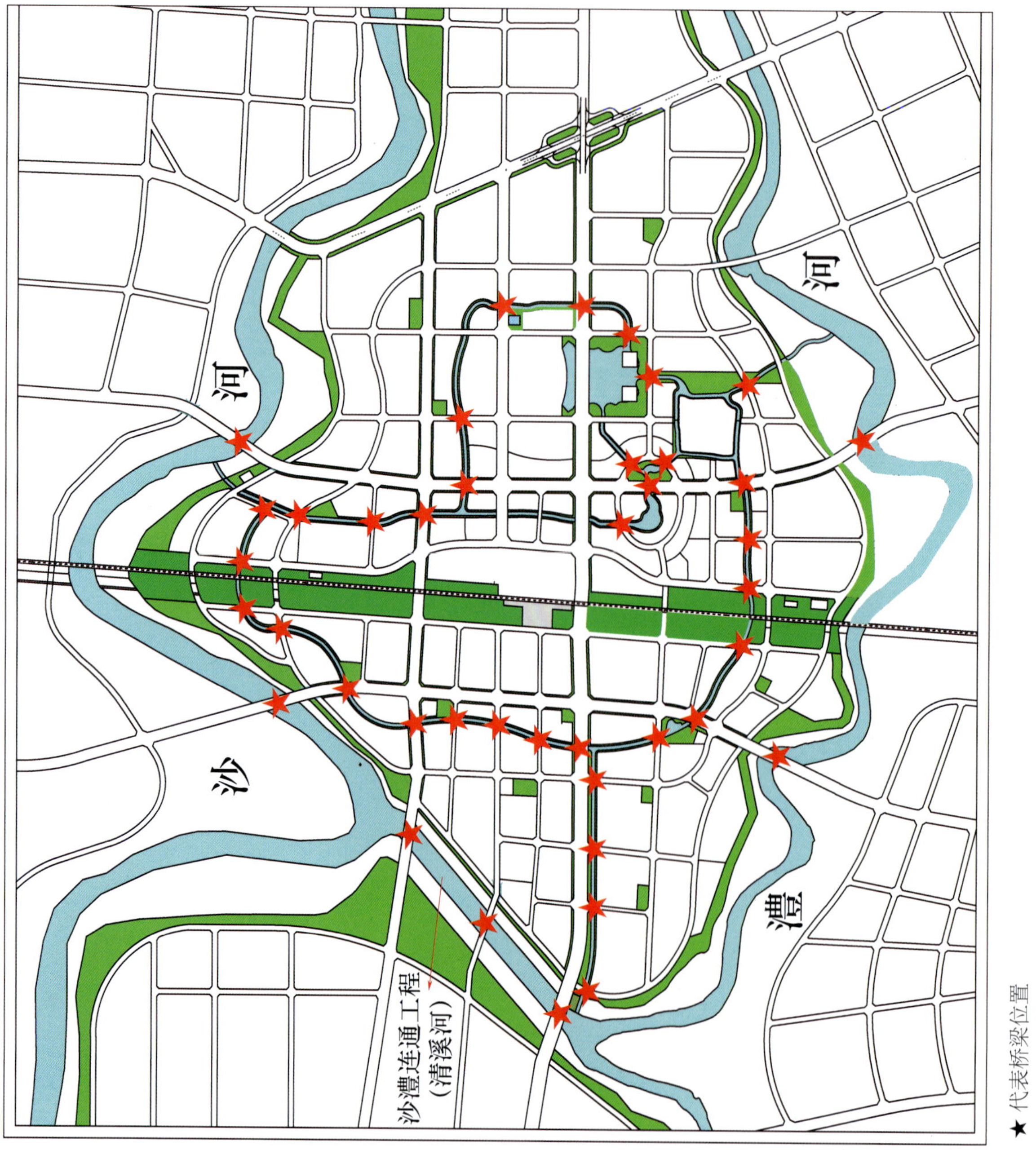

序　一

前段时间，市建委黄建民同志找我商量工作，一是河南省土木建筑学会与市建筑学会联合举办“桥梁建筑文化与技术高层论坛”筹备情况，二是河南省土木建筑学会桥梁建筑文化研究中心组织编写《中原桥城·漯河》一书。因分管城建工作，约我为该书作个序。这两项工作的推进以及取得的阶段性成果，使我大吃一惊，感慨颇深，深深地感受到桥梁建筑文化的科学研究工作开展不易，工作成绩的取得更为艰难。在一般人的印象中，漯河是个小城、新城，桥梁建筑文化研究难度较大，举办以桥梁文化与技术方面的“高层论坛”，按常理要有广泛的桥文化资源和科技力量做支撑，漯河现有资源、研究水平是否能承担得起这个重任，让我心存疑虑。翻阅了书稿，惊喜地发现该书编写团队竟在这么短的时间内对漯河的桥梁发展研究如此完备，内容如此丰富，资料如此翔实。有了这些学术成果和桥文化资源的支撑，对于开好这次“高层论坛”就能够提供强有力的技术支持。为这本书写下简短的文字或感想，对桥梁专家学者的辛勤劳动点赞并给予肯定，那是应该的，这也是我做分管城建工作义不容辞的责任和义务。

漯河市位于河南省中南部淮河流域沙、澧、颍河水系冲积平原，膏田沃野，一望无际。漯河1947年解放，1948年设立县级漯河市，1986年成为省辖市，2004年进行了二次区划调整，现辖临颍、舞阳两县，郾城、源汇、召陵三区和市城乡一体化示范区、经济技术开发区。漯河市总面积2617平方公里，人口270万。漯河市曾是“内陆经济特区”，被评为“中国品牌城市”，是中西部首个、全国第二个获此殊荣的城市，漯河还是我国首家“中国食品名城”。此外，漯河市还先后摘取“国家园林城市”“全国绿化模范城市”“国家森林城市”“中国特色魅力城市”“中国人居环境范例奖”等桂冠。可以说，漯河市是一个建设成就辉煌的宜居城市。

早在明清时期，漯河已是繁华的水陆交通要道，商埠重镇，是拥有一城春色半城水的著名水城。如今，京广铁路、漯阜铁路、漯宝铁路、京港澳高速公路、京深高铁、107国道、宁洛高速公路等交通大动脉在市区联结，交通便利，四通八达，是国家二类交通枢纽城市之一。

由于漯河地处中原腹地，历史悠久，文化灿烂。早在一万多年前，我们的祖先就开始在这块土地上繁衍生息，创造了辉煌的古代文明。历史上，勤劳朴实的漯河人民为这块土地留下了许多美丽的传说和令人叹为观止的古迹名胜。

漯河文化遗产资源丰富，其分布范围广，延续时间长，文物种类多，价值巨大。目前已发现各类不可移动文物618处，其中全国重点文物保护单位7处8项，省级文物保护单位36处38项，市级文物保护单位27处，县区级文物保护单位197处。从河南省看漯河传统文化，漯河历史文化有四个方面的重要特色。一是以大岗旧石器时代遗址、贾湖新石器时代早期遗址、郝家台龙山文化城址为代表的中国文明之源文化；二是以东汉时期文字学家许慎和《说文解字》为代表的汉字与辞书文化；三是以临颍繁城受禅碑与受禅台为代表的三国文化；四是以小商桥为代表的古代桥梁文化，这四个方面是漯河历史文化的精华和代表，独具魅力，各显特色。这些资源在漯河经济社会发展中发挥着越来越重要的作用，是我市传统文化的血脉和精华。

在这里我想重点说的就是以小商桥为代表的古代桥梁文化。说到古代桥梁的影响，上小学时，写入课本的有两座大桥令我记忆犹新，一个是解放后新建造的南京长江大桥，另一个是河北的赵州桥。赵州桥非常雄伟，它是隋朝的大工匠李春设计和建造的，到现在已经有一千四百多年的历史。那时老觉得这么古老这么珍贵的桥梁离我很远，从没想到漯河也会有一座同样古老同样重要的桥梁，这就是著名的小商桥，创建于隋开皇四年（584年），俗称隋桥，比赵州桥尚早，并因《说岳全传》里“杨再兴战死小商桥”而闻名天下。小商桥结构科学，造型优美，设计精湛，在我国古桥中为数不多，极为罕见。这种建造形式要比欧洲同类桥梁早出几百年，它是我国古代劳动人民聪明智慧和科学技术的结晶。小商桥的建桥技艺自北宋以来影响深远，一直到明清时期，我市古桥留存也就更多。列入我市文物名录的历代桥梁大约有三十多座，这些桥梁都是我市历代先民留下的珍贵财富，至今还在发挥着人员车辆通行的重要功能，这些桥梁的设计思想和理念至今还影响和滋养着一代代的桥梁研究专家和工程技术人员。

新中国成立后，随着社会主义现代化建设的顺利进行，我市各种类型的桥梁越修越多，体量越修越大，结构越来越复杂，建桥技术也与时俱进，科技含量也越来越高。特别是1986年漯河区划调整以后，城乡建设突飞猛进，沙、澧河之上一座座现代化大桥如长虹飞架，将一处处隔河相望的沙、澧河天堑变成了通途。目前，我市已修建各类桥梁二百多座，形式各样，姿态各异，每一座桥梁都是一座体现现代科技成果的杰作。桥梁除了具有交通通行的功能外，同时也成为了一座座地标性建筑。各种各样的桥梁还是漯河人民梦魂萦绕的地方。

我相信，随着漯河城乡建设事业的迅猛发展，展现不同技术和工艺的桥梁将越修越多，越修越精美，越修越壮观，其文化内涵将成为影响青少年健康成长的土壤。美不胜收的现代桥梁技术成就将成为我市一张新的城市名片，广大桥梁科技工作者也将拥有更加广阔的才华展示空间和舞台。

桥梁述说了漯河历代劳动人民的聪明智慧和成就！

桥梁展示了漯河灿烂的历史文化！

桥梁展现了漯河城乡建设之骄人成果！

桥梁将引领漯河通向未来更加美好的明天！

最后，祝愿魅力四射、充满吸引力和辐射力的“中原桥城”名片，早日落户我市，并在漯河社会经济“五位一体”的发展中发挥她那不可替代的作用！

漯河市人民政府副市长 刘国勤

序　　二

早在郑和下西洋的明朝，沙河岸边的小镇——漯河，就因其水陆交通发达，商贾云集而享誉中原。明永乐年间，郾城知县王季立，曾作《螺湾贾棹》诗咏之曰：“沙河东流碧，螺湾汇双河。舟行此焉薄，估客南来多。江淮百货萃，此处星辰罗。木棉茧如雪，收入云间梭。”由此可见其繁华之一斑。

清末民初，平汉铁路(即如今的京广铁路)通车后，漯河的交通优势更加显现出来。滨河小镇逐渐发展成水陆码头，商业重镇。新中国成立后，河南省人民政府交通厅航运管理局就设在漯河。1958年后，由于“大办水利”，在沙河上修建了许多水坝，沙河的航运逐渐东移，漯河市沙河航运公司的船只也只能远离家乡在安徽、江苏一带谋生。

改革开放以来，尤其是1986年行政区划调整后，漯河作为一座新的省辖市，焕发出沉寂多年的创造力，工商业、交通运输业出现了历史的飞跃，涌现出了“双汇集团”这样的世界最大的肉类加工企业。一大批食品、轻工电子、化工、机械等企业，雨后春笋般涌现，而现代化的农业生产基地也相继建立，铁路、高速公路在此十字交汇，高速铁路在此通过，沙河航运也将恢复，“通江达河”——漯河人的梦想即将实现，“中国汉字文化名城”等美誉接踵而来，有人因此美称漯河是“河南省的新加坡”。

公元584年建成的小商桥应该说是世界上现存的最古老的石拱桥之一。1903年，平汉铁路沙河桥的建成开创了现代化桥梁在漯河的诞生。1964年，横跨沙河的钢筋混凝土T形梁桥即交通路沙河大桥的建成，标志着现代化的公路桥梁在漯河出现。改革开放后尤其是行政区划调整后，漯河的交通人在市委、市政府的领导下，“跑部进厅”，借鉴引进各种优惠政策，千方百计筹措资金，在沙河、澧河上修建了多座桥梁。进入新世纪以来，随着城市的发展，漯河市的桥梁建设更以前所未有的速度发展。随着沙澧河风景区的建设发展，桥梁建设者们借鉴欧美各国的一些经验，在桥梁建设上除原有的“一座一景”“一桥一种结构”的构思外，又增加了一些新颖的景观，在沙河、澧河上已建成的二十三座桥梁，有拱桥（钢架拱桥、桁架拱桥、肋拱桥、中承式系杆拱桥），有梁式桥（预应力T形梁桥、预应力箱梁桥、变截面箱梁桥），有斜拉桥，更有各种造型的桥梁。桥梁专家赞誉漯河桥梁建设“站立桥头，左看有桥，右看还是桥”。漯河已成为一座活脱脱的桥梁博物馆。

河南省土木建筑学会桥梁建筑文化研究中心编写的《中原桥城·漯河》一书，收集整理了大量桥梁建筑历史资料，提出了把漯河打造成“中原桥城”的愿望，实为一项积极的、催人奋进的举措，值得提倡。

河南省交通厅原副厅长兼总工程师、教授级高级工程师 张圣城张圣城，著名学者，土木工程专家，教授级高级工程师，1985年获准享受国务院特殊津贴的首批专家。1958年毕业于同济大学桥梁工程系，曾任河南省交通规划勘察设计院院长、河南省交通厅副厅长兼总工程师、河南省公路学会理事长、河南省土木建筑学会副理事长、中国公路学会副理事长，1984年获国家特殊贡献中青年专家称号。曾主持海外大型跨海大桥工程和国内多项大型高速公路建设项目。参与制定、修订交通行业规范和技术标准多部，发表学术论文数十篇，代表性著作有《中国桥梁史纲》和《河南交通史》。

序　三

桥，在山水间，凌空越阻，千仪百态，总是那么迷人。不论是跨越激流或者深谷的原始桥梁，还是跨度巨大、宏伟的现代桥梁，桥，总能引起热爱生活的人们一种激情。在人的一生中，美丽的桥梁，留给他的印象总是那么清新、深刻，总是那么富有激励性，总是那么一想起来就让人激动不已。我还记得，20世纪60年代中期，我在同济大学读书时，看到旧金山市金门大桥图片时的激动。它悬挂在细细的缆索上，跨越金门湾，和附近的摩天大楼交相映辉，是那么美丽。还有，柏林建筑师希恩克尔用钢笔画下的那座跨越瑞士萨乃大峡谷的悬索桥给我的震撼。

桥，也是一个国家、一个民族文化的表征。我国文化悠久，自古以来建成的桥梁，就不计其数。白居易有诗云："绿浪东西南北水，红栏三百九十桥。"可见桥之多。家乡苏州也有"一出门，两座桥"的谚语。知天命之年，来到中原大地，又知道漯河仅市内就有三十多座桥，长虹卧波，未云何龙。漯河桥多且美，古有小商桥，今有"彩虹桥"，可谓中原桥城。桥，跨河越谷，便利人"行"，是人类文明、科技进步与经济社会发展的历史见证。桥，在河道纵横的城市中，是街道的链接与延续。因此，桥梁在城市规划中占有十分重要的位置，常常成为一个城市的文化标志。我国千千万万座各式桥梁中多有划时代的杰出创作，不仅成为我国宝贵的民族文化遗产，而且也对人类做出了巨大贡献。大诗人李白有诗曰："人道横江好，侬道横江恶。狂风吹倒天门山，白浪高于瓦官阁。"我相信，他在天上如果能看到祖国大地，桥梁建设者建造的一座座美丽的大桥一定会赞叹：多歧路，今安在？喜看天梯石栈相勾连。

桥，对于具有卓越才能和自信心的桥梁工程师而言，是一项能引发激情，具有挑战性的、艰巨的工程艺术创作活动。桥，一旦建成，天堑变通途，它会使人感到无限的快乐和极大的满足。

桥，随着时代的进步和科学技术的发展，已不限于满足交通运输的需要，而且要满足城市环境、人民生活对美的需要。新的时代，要求一个真正的桥梁工程师不仅仅是一个结构工程师，只是精通结构，而且也是一个具有渊博知识、把握美的价值的建筑师，是个创造美的艺术家。因为桥梁在造型上是美丽的，桥与周围的环境是和谐的。桥梁工程师还是一个卓越的组织领导者，不仅有决策拍板的勇气，而且拥有组织领导一大批工作人员，愉快而又和谐地去完成建桥任务的才能。

我向伟大的桥梁工程师致敬！

中国建筑学会建筑施工分会副理事长
河南省土木建筑学会副理事长兼秘书长、教授　王新泉王新泉，教授，硕士研究生导师，1969 年毕业于同济大学，安全科学技术领域资深专家，知名学者。现任河南省土木建筑学会副理事长兼秘书长，中国建筑学会建筑施工分会副理事长，全国机械安全标准化技术委员会（SAC/TC208）委员，安全工程专业教材编审委员会副主任委员，兼任浙江工业大学、安徽工业大学、吉林建筑大学教授。曾任河南省政协常委、教育部高等学校安全科学与工程学科教学指导委员会委员，河南省职业安全健康协会副理事长，河南省安全生产专家组组长。长期在安全科学领域从事教学与科研工作，颇有建树，成果丰硕，发表学术论文 170 多篇，出版学术著作 19 部，主持完成高水平科研项目多项并获奖。1997 年获钱之光科技教育奖。

前　　言

漯河市地处中原腹地，位于淮河流域的沙、澧、颍河水系冲积平原，辖临颍、舞阳二县，源汇、郾城、召陵三区，经济技术开发区和市城乡一体化示范区，内设西城区，面积2617平方千米，人口270万。

漯河具有悠久的历史、灿烂的文化和丰富的人文资源，这里人杰地灵，民风淳朴。自九千年前在这块土地拓荒耕土以来，人们便开始在这里创造出一个个历史壮举。贾湖文化不仅创造了八九千年前的文字和七音骨笛，还将原始稻谷用作酿酒、饲养家猪家狗的技艺传至后世，使后世的发展和进步受益良多。东汉时期的文宗字祖许慎的故里及陵墓距市中心仅五千米，他编撰的第一部汉语大字典《说文解字》首创部首编排法，用540个部首编排了九千多个汉字，它集文字音韵训诂学业之大成，是研究先秦以前文字的阶梯和桥梁。建于隋开皇四年（584年）的小商桥，比赵州桥尚早十多年，是我国乃至世界上保存下来最早的圆弧坦拱敞肩石拱桥，是我国现存古代桥梁之瑰宝，有着“天下第一桥”的美誉。因此，漯河在中华民族文明起源和文化发展史上占据着重要地位。今天，她所散射的熠熠光彩依然是漯河传承华夏历史文明的宝贵资源和不竭动力。

漯河市水系发达，沙河、澧河、颍河作为淮河的主要支流，从境内穿过，尤其是沙河、澧河在市区交汇，穿城而过；塔河、搪江河、干河、黑河、汾河、柳河起源于郾城、源汇和召陵区；引澧入沙——沙澧连通工程（作者起名“清溪河”）开工建设，西城区三面环水，区内内河众多；漯河古代桥梁有六十五座（仅原郾城县统计数据，未包括临颍县、舞阳县古代桥梁数量），如响水桥、太平桥、白桥、双龙桥、双凤桥等。除了最有代表性的小商桥，近代桥梁——“平汉铁路”沙河大桥是为数不多的铁路跨河大桥，现代桥梁建设不论是在数量还是在桥型上都创造了中原地区多个之最。漯河市委、市政府慧眼独具，举全市之财力以河做文章、绘蓝图，充分利用河流资源，高起点、大手笔规划建设百座桥梁，打造桥文化名片，奠定了中原桥城之基础，是推进漯河经济社会又好又快发展的着力点。因此，追溯漯河古代、近代桥梁的历史渊源，研究现代桥梁建筑的文化特色，推动区域经济的快速发展，正是我们的立意和动力所在。

为了全面介绍漯河古今桥梁的渊源和现状，我们在编写过程中尽可能地配以桥梁现貌图片资料，以便读者更直观地深入了解。由于我们水平有限，专业知识欠缺，难免存在缺陷和不足之处，漯河桥梁文化之渊之博恕不能尽现，在此一并表示歉意，衷心期待有关专业人士和有识者前来漯河实地考察，一匡实情。

刘志杰

目　录

第一章　漯河古代桥梁 …… **001**
第一节　隋代小商桥 …… 003
第二节　北宋洄河桥 …… 005
第三节　明代高桥 …… 006
第四节　明代石轴柱桥 …… 007
第五节　明代大沟桥 …… 008
第六节　明代大石桥 …… 009
第七节　明代双龙桥 …… 010
第八节　清代状元桥 …… 011
第九节　清代沱沟桥 …… 012
第十节　清代三（石）十一孔桥 …… 014
第十一节　清代一步三孔桥 …… 015

第二章　漯河近代桥梁 …… **017**
第一节　平汉铁路沙河大桥 …… 019
第二节　平汉铁路颍河大桥 …… 020

第三章　漯河现代桥梁 …… **021**
第一节　北舞渡沙河大桥 …… 023
第二节　沙河上的桥梁 …… 024
第三节　澧河上的桥梁 …… 032
第四节　柳河、塔河、汾河、黑河、干河、
搪江河上的桥梁 …… 036
第五节　沙澧连通工程桥梁 …… 037
第六节　西城区桥梁群 …… 038

第七节　浮桥、吊桥、栈桥 …… 045
第八节　其他桥梁 …… 049
第九节　桥梁亮化（夜景） …… 054

第四章　漯河桥梁的功能及作用 …… 059
第一节　桥梁建设对漯河城市发展的作用 …… 061
第二节　桥梁建设对漯河城市发展的影响 …… 062
第三节　申报“中原桥城”，锁定特色资源优势，促进漯河持续发展 …… 065

第五章　漯河桥文化 …… 067
第一节　桥文化研究 …… 069
第二节　古桥史话 …… 076
第三节　桥梁设计构思 …… 094
第四节　桥城寄语 …… 101
第五节　桥梁雕塑 …… 107
第六节　画笔下的河桥 …… 112
第七节　河桥文韵 …… 119
第八节　海员俱乐部 …… 130
第九节　其他 …… 131

附　录 …… 141
跋 …… 145
后　记 …… 146

第一章

漯河古代桥梁

经初步调查，漯河境内的古代桥梁（未含临颍县、舞阳县古桥）有六十五座（见附录二），其中有代表性的古桥有十多座，其建设年代包括隋代、北宋、明代、清代等。保存完好的有小商桥、洄河桥、石轴柱桥、状元桥等，其中小商桥被收入《中国桥梁史纲》一书。结构类型包括梁式桥、拱桥。

第一节

隋代小商桥

小商桥（图 1-1）位于临颍县、郾城区交界处的皇帝庙乡商桥村，跨颍水（旧名溵水，又名小商河）而建，历史上是郑州至南阳、徐州至西峡、漯河至界首三条交通要道的咽喉。该桥创建于隋开皇四年（584年），俗称隋桥，为单孔圆弧形石拱桥。

现存桥洞三孔，并非敞肩式，因小孔并未压上大孔，是小孔桥台和大孔拱券石的组合（在清乾隆时的地方志中已作明确记载）。桥全长 21.3m，两岸小拱脚间距为 20.2m。大孔净跨 12.1m（有记 11.6m），矢高 3.06m（有记 2.20m）；小孔净跨 2.6m，矢高 0.6m；桥宽 6.5m。大拱券厚 65cm，上有两道眉石。小拱券厚 55cm，上有三道眉石，眉石逐层向外凸出。大小拱券均用 20 条券石并列砌筑，在并列石券间有就地浇筑的腰铁。

1990 年的考古发掘发现，桥下河底用 12 排青石板铺砌，板长 50 ~ 145cm，宽 46 ~ 70cm。石板下打有木桩，桩径 15 ~ 20cm，间距 64 ~ 135cm。桥基砌筑与隋长安灞桥基本相同。

图 1-1　小商桥

图 1-2　小商桥桥面

该桥 2001 年被国务院公布为第五批全国重点文物保护单位（图 1-3，图 1-4）。2011 年，依据考证和历史传说，围绕小商桥和杨再兴墓址，临颍县政府投资 1.3 亿元，对小商桥景区进行了复建、扩建，并建成国内首个桥梁博物馆——桥文化馆（图 1-5）。

图 1- 3　国家级文物保护牌

图 1-4　小商桥简介

图 1-5　桥文化馆

第二节

北宋洄河桥

洄河石拱桥（图 1-6）位于郾城区裴城镇裴城村的小洄河上，建于北宋时期。该桥由红色砂岩砌筑而成，桥东西长 8.50m，南北宽 6.47m，桥拱净跨 2.92m，矢高 1.98m。

洄河石拱桥的桥拱和桥基保存较好，两侧栏杆与栏板毁于“文革”。1975 年村民用青砖、水泥对两侧进行了局部维修。令人感叹的是在桥西南侧燕翅基础地石磙上发现了“政和三年三月道口王守坚”的题记，这是我国迄今发现的极少带有确切纪年的桥梁之一，它为研究中国桥梁史提供了确切依据，有着十分重要的学术价值。该桥 2006 年被河南省人民政府公布为“河南省重点文物保护单位”（图 1-7）。

图 1-6　洄河石拱桥

图 1-7　省级文物保护牌

第三节

明代高桥

高桥（图 1-8）建于明朝正德七年，位于原属于郾城县管辖的高桥村干河之上，距今已有 500 多年的历史，为五孔石拱桥，桥基、桥身用红色花岗岩砌筑。中间三孔孔宽 3m，矢高 1.1m，两端为小孔，孔宽 2m，矢高 0.7m，桥全长 18m，桥宽 4m，桥面用长条青石铺设，两侧为青石立柱和石板护栏。该桥在当地有一个有趣的传说，麻雀在栏板外侧筑巢，鸟蛋从窝中落下，及至水面时，小鸟已会飞，极言此桥之高。村因桥而得名。当年刘邓大军南下大别山时曾从此桥经过。现干河已干涸无水，但桥梁仍斑驳留存。当地村民曾自发捐资修缮，并立碑以作纪念（图 1-9）。

图 1-8　高桥

图 1-9　二次重修纪念碑

第四节

明代石轴柱桥

汪庄石轴柱桥（图 1-10）位于郾城区裴城镇汪庄村西北隅的运粮河上。该桥长 18.3m，宽 1.9m，桥孔高 2m，孔跨 2m，11 孔，桥墩由多组石磙叠筑而成，石磙之间夹铺红色石板，在桥墩之上架以红色条石，构成桥面。在桥的两侧镶嵌一对栩栩如生的龙头和龙尾，龙眼炯炯有神，凝视着河流的上游。整个桥梁设计十分简洁，别具特色。经河南省古建专家鉴定，这是一座明代时期中原地区十分流行的桥梁类型，具有典型的地域特征。

该桥 2016 年被河南省人民政府公布为第七批文物保护单位。

图 1-10　汪庄石轴柱桥

第五节

明代大沟桥

大沟桥位于临颍县台陈镇大沟桥村南马沟河上，为古官道桥。桥东200m为107国道，桥北300m为大沟桥村。

大沟桥（图1-11）建于明正德十年，单孔半月形桥洞，高七尺余，跨度一丈二尺，红石拱券，青石拱面，拱眉雕狮子、云鹤、莲瓣，龙门口雕螭首，红石桥板，相接处均以五寸亚腰铁联缀。这座古官道上的石桥结构精巧，造型美观，具有较高的历史、艺术、科学价值，为研究古代桥梁建筑提供了重要依据。

该桥2016年被河南省人民政府公布为第七批文物保护单位。

图1-11　大沟桥

第六节

明代大石桥

位于临颍县城北十四公里的石桥乡北石桥村。东西横跨小泥河上。小泥河原名石梁河，明清时期村筑有寨，名石梁寨。据记载，明天启6年（1626年），在石梁河上新修一青石桥，名大石桥，久而久之，村以桥名，后简称石桥。大石桥全长19.8m，拱跨长宽5.8m，南北雁翅各长7m。上游券面石共8块，雕刻麒麟蛟龙、鹿等图案，造型生动。桥拱用宽窄不等青石条井列砌筑，下游券面石在文化大革命中被毁。主拱基本保存完整，拱石之上用青砖重新修建。石桥村因旧驿道从村中南北向通过，历史上曾设石桥铺。农历每月逢八有物交会。石桥村内还建有兴国寺和一步二石三眼井等名胜古迹。大石桥是我市现存重要的古代桥梁之一。

图1-12　大石桥

第七节

明代双龙桥

位于漯河市源汇区西南25公里的问十乡问十村西，东西横跨于小草河上。历史上，这里是漯河、郾城通往南阳府的官道。1975年，漯河至舞阳新公路修好改道后，此桥才基本废弃，成为问十村通往村外的主要道路。

双龙桥由青石砌筑而成。东西长11m，南北宽5.3m。除桥面外，桥基、桥拱保存基本完好。主拱净跨2.57m，矢高1.9m，边拱净跨2.2m，矢高1.5m。内券采用联券法，用石较大，且加工细致，砌筑规整。主拱券面石3块，边拱券石4块，表面雕卷草纹。主拱中央券石上游雕吸水兽头，下游雕吸水兽尾。主拱与边拱之间、拱背之上施用勾石6根，起到主拱与边拱，拱券与桥身联为一个整体的作用。桥墩用青石条砌筑，多没于水。拱券之上不施护拱石，而是直接铺过河磴券石和桥面石。桥面两侧原有青石拦板，均被毁。桥两端四角雁翅下部用石磙为基，上部砌以石条，多残毁。

图1-13 双龙桥

双龙桥所在的问十村是中原历史名镇。相传这里为春秋时期“孔子使子路问津之处”。后人为了纪念孔子在此派子路打听渡口，就将村名改为“问津”。由于子路当年是在十字路口打听渡口的，故将“问津”改名为“问十”，沿用至今。

第八节

清代状元桥

位于召陵区姬石镇范寨村的状元桥(图1-14)，建于清朝道光三年，是当时的朝廷出资为钦点状元张从龙家乡修建的“护寨河”跨河桥，单孔，桥长12m，宽4m，孔净宽3m，矢高1.2m，青砖拱券。该桥虽欠宏伟，但确实是古代漯河人才辈出的见证。

图1-14　状元桥

第九节

清代沱沟桥

沱沟桥位于召陵区邓襄镇沱沟村东南隅的古河道上，属三孔石桥，下用石磙做桥墩，石磙上铺条石做枕石，桥面采用石板做桥板，结构紧凑，坚固异常。桥面平整，上面还保留着古代车轮碾压的辙痕。现在，石桥依然能通行行人和车辆，不过由于道路废弃年代久远，也只有零星的村民就近从此经过。桥两端的引桥上，一些石磙和桥板已坍塌，散落在河道内，可以看出，石桥的确少有人问津，缺乏保护和修缮。如图1-15、图1-16所示。

史料记载，洄曲河在古代是一条运河，唐代名洄曲，后因河道干枯名枯河。洄曲河是连接汝水和泥河的一条水道，从古代发展水上运输这一点来看，是功不可没的。

图1-15　沱沟桥

洄曲河的干枯始于元代。原因是洄曲河河沙淤积，长期疏于清淤疏浚，河床逐渐抬高，成为地上河。加之弯道过多，逢汛期行洪较慢，洪水暴涨的时候，漫堤滥泄的现象十分严重，致使沿河两岸百姓深受水害之苦。又因不断发展的陆路交通，人们逐渐意识到这条河水患之弊已大于运河之利。到了元至正年间，洄曲河从汝水流出地改道入沙颍河。若干年后，此河便慢慢枯干。

图 1-16　沱沟桥桥面

第十节

清代三（石）十一孔桥

在原郾城县三周乡武庄西南角，有座清代用两块石头和一块木板搭起来的小桥，这一带群众称它为三十一孔（响铃）桥。所谓“响铃”是因为上边放的那块石板不平，人走桥上，石板和下边的石头发生碰撞，常发出叮咚的响声。如图 1-17 所示。

图 1-17　三（石）十一孔桥

第十一节

清代一步三孔桥

一步三孔桥位于原郾城县城内许南阁祠院内，为许南阁祠的附属。如图 1-18 所示。

图 1-18　一步三孔桥

第二章

漯河近代桥梁

漯河近代桥梁以平汉铁路沙河大桥和平汉铁路颍河大桥为代表。两座桥因铁路运力需要而建成，见证了铁路事业的发展与繁荣，同时也进一步加强了漯河与外界的联系，为漯河的城市发展做出了不可磨灭的贡献。

第一节

平汉铁路沙河大桥

1903年清政府组织修建了平汉铁路沙河大桥（图2-1），6孔，跨径组成为：33m×6，桥宽6m，长207m。上部结构为钢桁架，下部为重力式桥墩。1949年平汉铁路更名为京汉铁路，1957年武汉长江大桥建成后更名为京广铁路。该桥一直随着时代的变迁而承载着连通南北铁路大动脉的重任，是漯河近代两座跨河铁路桥梁之一。

随着铁路运输业的快速发展，平汉铁路沙河大桥已不能满足铁路运力的需要，急需建设沙河铁路复线桥，以满足铁路运输的需要。1990年至2013年，在沙河平汉铁路两侧修建了三座沙河铁路大桥：京广铁路复线桥、漯宝铁路沙河桥、漯阜铁路沙河桥，出现了目前的“四桥并肩平行飞架”的宏伟建筑景观，也印记了中国铁路建设的发展速度和丰硕成果（详见第三章第二节）。

图2-1　平汉铁路沙河大桥

第二节

平汉铁路颍河大桥

该桥与平汉铁路沙河大桥相距8公里，结构与平汉铁路沙河大桥相同，是漯河区域内的第二座近代跨河大桥，已有110多年的历史。尽管寒来暑往，风吹雨淋，承受冰雪洪水，但一直巍然屹立在颍河上，印证着铁路事业的兴旺发达，默默无闻地为中国铁路大动脉贡献着不老的身躯，也向人们讲述着颍河的过去、今天和未来的故事，更为打造中国百年建筑提供了佐证。如图2-2所示。

图2-2 平汉铁路颍河大桥

第三章

漯河现代桥梁

改革开放以来，为了扭转沙、澧河对城市发展的阻隔和制约，漯河市委、市政府经过充分论证，从长远战略目标着眼，举全市之力，在沙、澧河上高起点、大手笔地先后建成了一座座连通市区东西南北的跨河大桥。

漯河建成区内，沙河、澧河已建桥梁24座，正建4座，拟建2座，规划（2030年）8座。据初步调查统计，塔河、搪江河、干河、黑河、汾河、柳河六条河流已建桥梁159座。西城区依照国内外有关名桥的形态缩建，已建桥梁9座，在建4座，拟建1座，规划（2030年）10座，沙澧连通工程规划桥梁3座。加上公园（游园）、校园、居住小区、行政办公区、沙澧河风景区及企业景观桥，已建桥梁20多座。

漯河市建成区（2030年规划区）内，已建桥梁210座，在建桥梁8座，拟建桥梁4座，规划桥梁21座。因此，漯河正向打造300座城市桥梁的目标迈进。

我们经过详尽地考察和探究，尽可能地搜集每座桥梁的文化背景和真实资料，逐一介绍于后。

第一节

北舞渡沙河大桥

北舞渡沙河大桥（图 3-1），位于舞阳县北舞渡镇，建于 1979 年，1993 年被列入《中国桥梁》名录，名列第 42 位，是中国最具代表性和显著特色的 200 座桥梁之一。

该桥系一撑架连续板桥，全长 250m，主桥 7×30m（7 孔），引桥 5×6m（5 孔），桥宽 8.4m。该桥特点是利用斜撑架以加大桥孔，支撑于跨 0.27L 处，桥墩支撑和桥面承重板均采用预制混凝土构件拼装而成，下部结构板采用直径 1.1m 钻孔灌注桩基础，每桥墩 4 根。结构轻巧省料，独具创新特色，为不少桥梁界专业人士所称道。

图 3-1　北舞渡沙河大桥

第二节

沙河上的桥梁

一、已建桥梁

以下按沙河漯河2030年规划区自下游向上游的顺序排列。

1. 京港澳高速公路沙河大桥

京港澳高速公路沙河大桥（图3-2），7孔，跨径50m，桥长350m，双幅桥，单幅宽20m，上部结构为预应力钢筋混凝土T形简支梁，下部结构采用钻孔灌注桩基础。

2. 龙江路沙河大桥

龙江路沙河大桥（图3-3），桥宽22m，5孔，跨径50m，桥长258.86m。设计荷载为公路Ⅰ级，设计洪水流量为3950m^3/s。上部结构为预应力T形梁；下部结构采用柱式桥墩、肋式桥台、钻孔灌注桩基础。2005年1月15日开工，2005年12月30日竣工。总投资2998.1万元。

3. 淞江路沙河大桥

根据漯河市城市总体规划，淞江路往东到东环（现在的中山路），再往南和漯界路连接，把原15m宽的二级公路（淞江路）改为红线60m宽的城市道路，作为重要过境通道，需要在跨越沙河的董庄村河段修建一座沙河大桥。

淞江路沙河大桥（图3-4）1997年11月开工，1998年底建成。设计荷载为汽－超20级。桥宽18m，6孔，跨径50m，桥长310m。设计洪水流量为4000m^3/s。上部结构为预应力钢筋混凝土T形简支梁；下部结构为单排桩柱式桥墩、钢筋混凝土盖梁、钻孔灌注桩基础。总投资970万元。

图3-2　京港澳高速公路沙河大桥

图3-3　龙江路沙河大桥

图3-4　淞江路沙河大桥

4. 黄河路沙河大桥

黄河路沙河大桥（图 3-5）位于金山路与黄河路交叉口东 450m。汉白玉栏杆，桥宽 29m，6 孔，跨径 50m，桥长 310m。设计荷载为城 -A 级，设计洪水频率为 50 年一遇，设计洪水流量为 3950m³/s，通航标准国家Ⅳ级。上部结构为 50m 预应力混凝土 T 形梁，下部结构为四柱式桥墩，钻孔灌注桩基础，桩径 1.5m，柱式桥台，每台柱 10 根，群桩基础，桩径 1.2m。

沙河西侧建设滨河路立交桥（涵洞），洞长 33m，宽 20m，净高 5.9m，西引道长 266m；沙河东侧建设滨河路立交桥（涵洞），洞长 33m，宽 25m，净高 6.8m，东引道长 280m。东西引道各宽 29m，两引道规划为蝶式立交。2006 年 11 月开工，2009 年 4 月 30 日竣工。总投资 4000 万元。

5. 金山路沙河大桥

1986 年，漯河市升为省辖市后，已成为豫南地区重要的交通枢纽。交通路沙河大桥由于长期超载使用，北岸桥台支座已倾斜 1.9cm，限制了干线公路运力发展。1988 年，省交通厅与漯河市政府协商决定，在金山路跨越沙河处修建一座沙河大桥（图 3-6）。因沙河在此处为东西流向，故此桥与上述黄河路大桥成犄角之势，与两桥相连的城市主干道黄河路、金山路在桥头交叉，两桥直线距离近在千米之内。

该桥 1990 年 10 月 1 日竣工，设计荷载为汽 - 超 20 级，设计洪水流量 3950m³/s。上部为预应力混凝土 T 形简支梁，7 孔，跨径 40m，桥宽 18m，桥长 290m。下部结构为单排桩式桥墩，预应力混凝土 T 形截面梁，钻孔灌注桩基础。总投资 1188.8 万元。

6. 京广铁路沙河大桥（复线桥）

为满足火车客货运输的要求，1958 年在平汉铁路沙河大桥东侧建设一座复线沙河大桥。6 孔，跨径 33m，桥宽 6m，桥长 210m。上部结构为钢桁架，下部结构为混凝土重力式桥墩。

7. 漯宝铁路沙河大桥

1990 年在平汉铁路沙河大桥西侧建设一座漯宝（宝丰）铁路沙河大桥（图 3-7）。6 孔，跨径 33m，桥宽 6m，桥长 210m。上部结构为钢桁架，下部结构为混凝土重力式桥墩。

图 3-5 黄河路沙河大桥

图 3-6 金山路沙河大桥

图 3-7 漯宝铁路沙河大桥

8. 漯阜铁路沙河大桥

2013年在京广铁路（复线）东侧建设一座漯阜（阜阳）沙河大桥（图3-8），5孔，跨径组成为33m×2＋66m＋33m×2，桥宽6m，桥长210m。

9. 交通路沙河大桥

郑信公路几易其名：京广公路、京深公路、107国道、备战路。解放后这条南北交通主干道具有重要战略作用。

1960年省交通厅拟建此桥，提出两个方案，第一方案：线路走郾城西关，过沙、澧二河和郑信公路连接，比走漯河市缩短5km，但需要修建两座跨河大桥和7.9km的公路，这在当时资金、物质和施工力量均有较大困难。第二方案：由郾城县北关外偏东南行，利用漯郾公路过沙河顺滨河路往西，经五一路进入漯舞路，和郑信公路连接。这样只需修一座沙河大桥即可贯通，人、车到漯河后吃住维修都很方便。第二方案得到省交通厅批准实施。

交通路沙河大桥（图3-9）位于交通路与昆仑路交接处的沙河之上，东距京广铁路大桥500m处，由河南省建设局设计院设计。6孔不等跨径，其南三孔净跨20m，钢筋混凝土配装式T形梁；北三孔为满足通航，净跨40m，现浇悬臂梁和20m钢筋混凝土装配式吊梁组合成的混合结构。桥长190m，桥宽12m。载重标准为汽-13级。下部结构采用扩大基础的重力式墩台。设计完成后，于1960年及1961年由漯河市先后两次组织施工，完成了南岸1号台墩和2号、3号台墩的水下部分。后因遭受全国性自然灾害，材料缺乏，投资削减，中途停工。到1962年10月经省计委批准续建，对原设计上部结构方案局部修改为钢筋混凝土装配式T形梁，8孔，桥长190m。1至6孔及第8孔净跨20m，第7孔为通航孔，净跨30m。下部结构为减少圬工体积和劳力消耗，两岸桥台均采用钢筋混凝土桩架式。新建4、5、6、7、8、9号台墩采用钢筋混凝土高桩承台基础，墩身仍为片石混凝土重力式；2、3号台墩则利用原有部分予以接高。设计洪水流量为3550m^3/s。南引道长206m，北引道长330m。总投资142万元，1964年7月15日竣工。该桥建成通车后，被市民赞誉为“一桥飞架南北，沙南沙北变通途”。

图3-8 漯阜铁路沙河大桥
（中间跨上部为钢桁架）

图3-9 交通路沙河大桥

据1986年8月31日调查，该桥汽车交通流量为3406辆/日，交通混合流量为13462辆/日，其中自行车53970辆/日。该桥现在已使用51年，桥身基本完好，至今仍是漯河市交通流量最大、最繁忙的桥梁。

10. 交通路沙河大桥辅桥（两座）

近年来，漯河城区面积扩展较快，城区常住人口增长速度迅猛，带来的交通压力相应凸显，交通路沙河大桥愈来愈不适应现代城市的要求，人车混行，交通事故频发，拥堵严重。市政府于 2013 年在老桥两侧各新建一座桥梁，供非机动车通行，将老桥改为机动车通行，有效解决了拥堵和交通事故频发的问题，成为漯河桥梁建设的又一景观。如图 3-10 和图 3-11 所示。

图 3-10　交通路沙河大桥辅桥（一）

辅桥长 190m，宽 6m，跨径组成 6 孔：22.2m×2+44.4m×2+33m+22.2m，上部结构为装配式预应力混凝土简支 T 形梁；下部结构采用单排架式墩、台；基础为钻孔灌注桩。2013 年 12 月竣工，总投资 4000 万元。

图 3-11　交通路沙河大桥辅桥（二）

11. 泰山路沙河大桥

漯河市升为省辖市后，人车流量剧增。为解决沙北行政区与沙南老市区交通堵塞问题，市政府决定在泰山路建设沙河大桥。专家组对几个方案进行了充分论证，最后确定为三孔跨径 100m 中承式系杆拱桥。桥宽 16m，设计荷载为汽 -15 级。该桥 1994 年 9 月 29 日开工，1995 年 9 月 29 日竣工。总投资 760 万元。桥拱上安装有不同颜色的射灯，晚间射出红、橙、黄、绿、青、蓝、紫七色，远看像一道道彩虹，美丽壮观，成为漯河市的标志建筑和一大景点，如图 3-12 和图 3-13 所示。

图 3-12　泰山路沙河大桥（一）

图 3-13　泰山路沙河大桥（二）

12. 嵩山路沙河大桥

嵩山路是城区的主干道，由于沙、澧二河阻碍，不能全线贯通，急需修建两座大桥，建成后，还可以作为107国道备用线。该桥位于黄河路与嵩山路交口南侧800m处。1992年9月29日开工，1993年9月30日建成。桥长258m，桥宽18.5m。上部结构为预应力钢筋混凝土T形简支梁，5孔，跨径50m；下部结构为钻孔灌注桩基础，桥墩为双柱式，桥台为三柱式。设计洪水流量为3300m^3/s。该桥的建成，从北到南将郾城区、双龙开发区连为一个整体。如图3-14所示

13. 太行山路沙河大桥

太行山路沙河大桥（图3-15，图3-16），东距嵩山路沙河大桥950m。起点位于沙北淮河路，跨越沙河，终点位于沙南汉江路。设计荷载为城市-A级，通航标准国家Ⅳ级，设计洪水频率为百年一遇。主桥三跨，跨径分别为55m、85m、55m，变截面预应力连续箱梁。桥长204m，桥宽30m。该桥由左右分离各自独立的两幅桥组成。上部结构采用单箱单室截面，下部结构采用两头圆形钢筋混凝土空心矩形墩，桥台为实心矩形。距北桥头23.37m处建设滨河路立交（涵洞）。距南桥头23.37m处建设滨河立交（涵洞），形成蝶式立交。该桥2008年2月26日开工建设，2011年5月1日竣工。总投资3349.53万元。

这种“变截面连续箱梁”在我国20世纪80年代开始大量应用，已成为理论、设计、施工较为成熟完善的结构体系。该桥型除满足交通运输外，还具有样式美观、整体简洁流畅、结构性能良好等优点。

图3-14　嵩山路沙河大桥

图3-15　太行山路沙河大桥（一）

图3-16　太行山路沙河大桥（二）

14. 白云山路（107 国道）沙河大桥

1975 年 8 月，沙、澧二河发生特大洪灾。漯河市区决口 14 处，倒塌房屋 51430 间，郾城县为重灾区。沙、澧两河之间整个地区被洪水淹没，成为泽国。当时是救灾无路、抢险无桥，人民生命财产遭受严重损失。灾后，人们痛定思痛，总结了灾难带来的教训，省交通厅决定在郾城县城西 300m 沙河上修建一座跨河大桥。该桥 1976 年开工，1978 年建成通车。桥宽 12m，8 孔，跨径 20m，上部结构为装配式 T 形梁，桥长 164m，荷载为汽 -20 级。下部结构为双柱式桥墩，钻孔灌注桩基础。设计洪水流量为 3400m^3/s。总投资 86.11 万元。如图 3-17 所示。

该桥是当时连通中原地区南北交通 107 国道的主要陆路干线公路桥梁之一，是漯河市区贯通沙河南北两岸的第二座桥梁，为推动漯河城市发展发挥了巨大的作用。

15. 白云山路沙河大桥（复线）

改革开放以后，随着经济的高速发展和交通运输事业的迅速扩张，交通运输的压力逐渐增大，107 国道沙河大桥已不堪重负，成为国道运输干线上的瓶颈。为了给老桥减负，缓解 107 国道日益增加的客运和物流压力，在 107 老桥 20 年生日之后，扩建一座复线桥，于 1999 年在老桥东侧扩建一座汽 - 超 20 级、基本和老桥结构相同的复线桥梁。合并后桥宽 23.2m，两侧为钢栏杆，中间为防撞栏杆。如图 3-17 所示。

图 3-17　白云山路（107 国道）沙河大桥 /（复线）

2013 年，根据漯河市城市规划要求，将 107 国道经过市区的区段更名为“白云山路”，故此桥名为“白云山路沙河大桥”。

16. 京广客运专线沙河大桥

京广客运专线沙河大桥（图 3-18），5 孔，桥长 240m（60m×3+30m×2），桥宽 12m，上部结构为变截面箱梁，下部结构采用钻孔灌注桩基础，实体墩台。

图 3-18　京广客运专线沙河大桥

二、在建桥梁

1. 解放路沙河大桥

解放路沙河大桥（图 3-19，图 3-20）桥长 260m，桥宽 30m。结构形式：简支变截面连续结构。跨径组成为：主桥 6 孔，45m×2+50m×2+35m×2。总投资 4974.5 万元。

2. 太白山路沙河大桥

太白山路沙河大桥（图 3-21）连接西城区和郾城区，同时也是连接高铁西客站的南北主要通道，既可以为西城区的发展带来契机，也可以为郾城区的淞江产业集聚区带来便利的交通，促进两地经济的发展。

该桥全长 364m，桥宽 38m，10 孔，跨经组成 3×30m ＋（33m ＋ 2×55m ＋ 33m）＋ 3×30m，引桥 30m，预应力混凝土 T 形梁先简支后连续结构，主桥为预应力混凝土现浇连续箱梁结构，设计双向六车道，并设有机动车与非机动车隔离带，两侧设有人行道。主桥 3

号～7号桥墩双幅连续箱梁跨越沙河主河道，混凝土采用一次浇筑成型方案。全桥桥墩采用仿真漆、梁两侧采用挂板进行装饰，该桥建成后将成为沙河上一道亮丽的风景。

图 3-19　解放路沙河大桥（一）

图 3-20　解放路沙河大桥（二）

图 3-21　太白山路沙河大桥

三、拟建桥梁

1. 牡丹江路沙河大桥

牡丹江路沙河大桥（图 3-22）位于城乡一体化示范区，西起金山路，东至中山路。桥宽 44m，桥长 388m，上部结构为 4 跨下承式拱梁组合体系，预应力混凝土双主梁 + 异形钢拱结构，利用混凝土箱梁的体内预应力平衡拱肋推力，在梁内不设系杆，引桥采用预应力混凝土连续梁结构；下部结构为主桥中墩设置钢筋混凝土墙式墩 1 座，边墩和过渡墩设置钢筋混凝土实体墩各 2 座。引桥中墩为保证桥下墩柱的景观效果，设置钢筋混凝土双柱式桥墩，桥台为钢筋混凝土墙式桥台。基础采用大直径钻孔灌注群桩基础。

设计荷载为城 -A 级；设计安全性等级一级；桥梁设计基准期 100 年；设计使用年限 100 年。总投资 16421 万元。

2. 井冈山路沙河大桥

井冈山路沙河大桥（图 3-23），桥宽 25m，长 340m，南北引道总长 260m，跨径组成 12 孔：20m×4+40m+ 50m×2+40m+20m×4，上部结构为预制 T 形梁，下部结构为钻孔灌注桩基础。总投资 6500 万元。

图 3-22 牡丹江路沙河大桥

图 3-23 井冈山路沙河大桥

四、规划桥梁

1. 沙河路沙河大桥（设计方案正在征集中）

2. 龙江西路沙河大桥（设计方案正在征集中）

3. 五台山路沙河大桥（设计方案正在征集中）

4. 辽河路沙河大桥（设计方案正在征集中）

第三节

澧河上的桥梁

一、已建桥梁

以下按澧河漯河 2030 年规划区自下游向上游的顺序排列。

1. 人民路澧河大桥

人民路是老市区的东西主干道。市政府对建桥提出要求，桥型既要有民族风格，又要有现代气息。当时选了三种桥型：双曲拱桥，桁架拱桥，刚架拱桥。经过对比，最后确定刚架拱桥。该桥型具有结构轻巧、受力合理、节省材料、外形美观、跨径适应性强、装配化程度高、施工速度快等优点。

人民路澧河大桥（图 3-24）位于沙、澧二河交汇上游 1km 处，1988 年 4 月 16 日开工建设。桥长 153m，宽 16m。设计荷载为汽 -15 级。上部结构为 3 孔跨径 45m 连拱组成；下部结构为钻孔灌注桩基础，因无钻机后改为沉管灌注群桩基础。设计洪水流量为 2280m^3/s。1991 年元月竣工。总投资 264 万元。

图 3-24　人民路澧河大桥

2. 嵩山路澧河大桥

一座桥梁，从满足功能要求看，是建筑物；从观赏角度而言，是一件建筑艺术品。尤其是大桥，常常以她的雄伟壮观、千姿百态显示出一个国家的先进技术和施工工艺水平，更反映时代精神与人的创造能力，也往往成为一个国家、一个地区、一个城市的标志。嵩山路澧河大桥除符合市政府提出的“一桥一景面貌新、蓝天碧水绿满城”的建设宗旨外，在当时还是河南省第一座斜拉式桥。

嵩山路澧河大桥1998年竣工。桥长153m，桥宽19m。该桥为塔柱斜拉式桥。上部结构由主梁、拉索和索塔三种构件组成。主塔为钻石形，采用扇形单面不对称拉索结构。主梁采用箱型结构、塔梁固结。2孔，跨径分别为60m、90m。下部结构为主墩群桩，桥台为单排桩式钻孔灌注桩基础。设计荷载为汽－超20级，设计洪水流量为1900m^3/s。总投资2300万元。如图3-25和图3-26所示。

该桥通车后将双龙开发区和自由贸易区连为一个整体。

图3-25　嵩山路澧河大桥（一）

图3-26　嵩山路澧河大桥（二）

3. 太行山路澧河大桥

太行山路澧河大桥东距嵩山路澧河大桥1km。北起大学路，南过澧河，和柳江路连接。设计荷载为城市－A级，设计洪水频率为百年一遇。通航标准国家Ⅳ级。上部结构为1孔20m空心板+3孔64m上承式箱型肋拱桥+4孔20m空心板。桥面上下分离。桥长297m，两头低中间高。桥宽30m。下部2、3号桥墩采用矩形实体墩，其余采用柱式墩和肋板式桥台。距离北桥头34.7m处建设滨河路立交（涵洞），距离南桥头40.85m处建设滨河路立交涵洞，形成蝶式立交。2008年3月26日开工，2011年5月1日竣工。总投资4101.95万元。如图3-27和图3-28所示。

4. 白云山路（107 国道）澧河大桥

1999 年建设重汽－超 20 级桥梁，桥宽 2434m，桥长 172m。3 孔，跨径 31.8m+ 跨径 28.4m+3 孔跨径 16.1 米空心板；下部结构为钻孔灌注桩基础、柱式桥台。设计洪水流量为 2000m^3/s。1999 年竣工。总投资 889.2 万元。如图 3-29 所示。

图 3-27　太行山路澧河大桥（一）

图 3-28　太行山路澧河大桥（二）

图 3-29　白云山路（107 国道）澧河大桥

5. 京广客运专线澧河大桥

京广客运专线澧河大桥，3孔，桥长150m，桥宽12m，上部结构为变截面箱梁，下部结构采用钻孔灌注桩基础，实体墩台。如图3-30所示。

二、在建桥梁

太白山路澧河大桥

太白山路澧河大桥桥长207m，桥宽38m，8孔，桥梁跨径组成4×25m+ 4×25m，上部结构采用先简支后连续预应力混凝土小箱梁；下部桥墩采用实体桥墩，桩基础；桥台采用桩接盖梁桥台，肋板台，群桩基础。2014年9月2日开工，2016年5月1日竣工。如图3-31所示。

三、拟建桥梁

人民路澧河大桥

四、规划桥梁

1. 汉江路澧河大桥（设计方案正在征集中）
2. 长江路澧河大桥（设计方案正在征集中）
3. 王屋山路澧河大桥（设计方案正在征集中）
4. 五台山路澧河大桥（设计方案正在征集中）

图3-30　京广客运专线澧河大桥

图3-31　太白山路澧河大桥

第四节

柳河、塔河、汾河、黑河、干河、塘江河上的桥梁

据调查统计，六条河流上的桥梁共有 159 座，限于篇幅，每条河流仅选择有代表性的一座桥梁予以介绍。

一、柳河上的桥梁（图 3-32）

图 3-32　柳河上的桥梁

二、塔河上的桥梁（图 3-33）

图 3-33　塔河上的桥梁

三、汾河上的桥梁（图 3-34）

图 3-34　汾河上的桥梁

四、黑河上的桥梁（图 3-35）

图 3-35　黑河上的桥梁

五、干河上的桥梁（图 3-36）

图 3-36　干河上的桥梁

六、搪江河上的桥梁（图 3-37）

图 3-37　搪江河上的桥梁

第五节

沙澧连通工程桥梁

沙、澧河均由西向东流入漯河境内，在市区交汇。为加快西城区的开发建设步伐，市政府决定开工建设沙澧连通工程（笔者起名“清溪河”），即在沙河、澧河之间的最近区域内开挖一条人工河，使沙河、澧河相通相连，给西城区增添一条南北方向的人工河流，形成三面环水、交汇融通的水系格局，并在人工河上建桥，以满足城市建设与发展的需求。

规划修建的桥梁

1. 丹江路桥（设计方案正在征集中）

2. 汉江路桥（设计方案正在征集中）

3. 长江路西桥（设计方案正在征集中）

长江路西桥（图 3-38）位于长江路西段，桥长 275.4m，9 跨，每跨长 30m，双幅桥，单幅桥宽 24.8m，桥面全宽 58.6m+24.8m(半幅桥宽度）+ 9m（镂空带）+ 24.8m（半幅桥宽度）。上部结构采用 9×30m 装配式预应力混凝土箱形连续梁；下部结构采用桩柱式桥墩、柱式桥台，钻孔灌注桩基础。设计荷载城 -A 级；人群荷载 4kN/ ㎡；安全等级一级；结构使用年限为 100 年。总投资 5000 万元。

图 3-38　长江路西桥

第六节

西城区桥梁群

一、已建桥梁

1. 长江路一号桥

长江路一号桥上部结构为 2m×10m 简支钢筋混凝土空心板，下部采用重力式 U 形桥台和立式墩柱，犹如一轮弯月坐卧在长江路上，寓意为西城晓月。如图 3-39 所示

2. 长江路二号桥

长江路二号桥上部结构为 2m×10m 简支钢筋混凝土空心板，下部采用重力式 U 形桥台和立式墩柱，犹如破茧而出的彩蝶放飞在西城区，寓意为破茧成蝶。如图 3-40 所示。

图 3-39　长江路一号桥

图 3-40　长江路二号桥

图 3-41　太白山路一号桥

3. 太白山路一号桥

太白山路一号桥上部结构为 8m+13m+8m 简支钢筋混凝土空心板，下部采用轻型埋置式桥台和立式墩柱，该桥造型与西班牙阿拉密洛大桥相同。如图 3-41 所示。

图 3-42　太白山路二号桥

4. 太白山路二号桥

太白山路二号桥上部结构为 8m+13m+8m 简支钢筋混凝土空心板，下部采用轻型埋置式桥台和立式墩柱，该桥犹如跳动的音符立于太白山路南段，寓意为和谐乐章。如图 3-42 所示。

图 3-43　太白山路三号桥

5. 太白山路三号桥

太白山路三号桥上部结构为 8m+13m+8m 简支钢筋混凝土空心板，下部采用轻型埋置式桥台和立式墩柱，该桥造型与英国著名的彩蝶桥相同。如图 3-43 所示。

6. 九龙山路一号桥

九龙山路一号桥桥梁跨径为单跨 22m。上部结构采用预应力混凝土空心板梁结构，下部结构采用重力式桥台，该桥造型与小商桥近似。如图 3-44 所示

图 3-44　九龙山路一号桥

7. 九龙山路二号桥

九龙山路二号桥上部结构为 8m+13m+8m 简支钢筋混凝土空心板，下部采用轻型埋置式桥台和立式墩柱，该桥两侧设置了四个半圆形观景平台，寓意为西城水榭。如图 3-45 所示。

8. 宝塔山路一号桥

宝塔山路一号桥上部结构为 15m+15m 简支钢筋混凝土空心板，下部采用轻型埋置式桥台和立式墩柱，该桥造型犹如一座大门屹立在宝塔山路北段，寓意为西城之门。如图 3-46 所示。

图 3-45　九龙山路二号桥

图 3-46　宝塔山路一号桥

9. 汉江路一号桥

汉江路一号桥上部结构为 8m+ 13m+8m 简支钢筋混凝土空心板，下部结构采用轻型埋置式桥台和立式墩柱，该桥造型犹如一道道波浪，寓意为海纳百川。如图 3-47 所示。

图 3-47　汉江路一号桥

二、在建桥梁

1. 宝塔山路二号桥

宝塔山路二号桥上部结构为 10m+15m+10m 简支钢筋混凝土空心板。下部结构桥台采用重力式桥台，桥墩采用立柱式桥墩，该桥的四周分别设置了一匹奔马式雕塑，寓意为驷马飞歌。如图 3-48 所示。

图 3-48　宝塔山路二号桥

2. 月湾湖环路一号桥、二号桥和三号桥

月湾湖环路三座桥采用相同的造型和结构形式，上部结构采用 6m+ 20m+6m 的跨径简支梁结构布置，下部结构采用桩柱式桥台和桥墩，桥梁造型为简约现代式桥梁。如图 3-49 所示。

图 3-49　月湾湖环路一号桥、二号桥和三号桥

3. 翠华山路二号桥

翠华山路二号桥上部结构为 17.5m+17.5m 简支钢筋混凝土空心板，下部采用轻型埋置式桥台和立式墩柱，该桥双侧设置了红色人行通道，配合帆船式的桥塔装饰，寓意为百舸争流千帆竞。如图 3-50 所示。

图 3-50　翠华山路二号桥

4. 汉江路二号桥

汉江路二号桥上部结构为 15m+ 15m 简支钢筋混凝土空心板，下部结构采用轻型埋置式桥台和立式墩柱，该桥造型似两只海鸥在西城区上空飞翔，寓意为鸥之歌。如图 3-51 所示。

图 3-51　汉江路二号桥

三、拟建桥梁

嘉陵江路桥

嘉陵江路桥上部结构为 6m+ 20m+6m 简支钢筋混凝土空心板，下部结构采用轻型埋置式桥台和立式墩柱，该桥造型简约大方，充满现代气息。如图 3-52 所示。

图 3-52　嘉陵江路桥

四、规划桥梁

1. 翠华山路一号桥

翠华山路一号桥上部结构为 15m+ 15m 简支钢筋混凝土空心板，下部结构采用轻型埋置式桥台和立式墩柱，该桥造型犹如两棵柳树立在桥两侧，寓意为绿柳迎宾。如图 3-53 所示。

图 3-53 翠华山路一号桥

2. 九龙山路三号桥

九龙山路三号桥上部结构为 8m+ 13m+8m 简支钢筋混凝土空心板，下部结构采用轻型埋置式桥台和立式墩柱，该桥寓意为厚重文化，崛起中原。如图 3-54 所示。

图 3-54 九龙山路三号桥

3. 九龙山路四号桥

九龙山路四号桥上部结构为 17.5m+ 17.5m 简支钢筋混凝土空心板，下部结构采用轻型埋置式桥台和立式墩柱，该桥造型犹如一朵尚未盛开的花朵，寓意为含苞待放。如图 3-55 所示。

图 3-55 九龙山路四号桥

4. 古城路桥

古城路桥上部结构为 15m+15m 简支钢筋混凝土空心板，下部结构采用轻型埋置式桥台和立式墩柱，该桥造型简约大方，护栏苍劲有力。如图 3-56 所示。

5. 澧北新路桥

澧北新路桥（图 3-57）上部结构为单跨 22m 预应力空心板。下部结构在桥墩两侧外挑平台，同时设置简洁色彩明快的桥头装饰。栏杆采用简洁现代的钢栏杆。

6. 丹江路桥

丹江路桥上部结构为 8m+13m+8m 钢筋混凝土空心板结构。方案采用高度不断变化的拱形结构，预示西城区“乘风破浪会有时，直挂云帆济沧海”的美好未来。如图 3-58 所示。

7. 泾河路桥

泾河路桥采用钢桁架桥型，上部结构为 15m+15m 钢筋混凝土空心板。其形状犹如和谐号列车，在水面上呼啸而过，具有强烈的现代气息。如图 3-59 所示。

8. 沙南支路桥

沙南支路桥（图 3-60）上部结构为 22m 单跨预应力混凝土空心板，上部采用斜跨拱、交错拉索的布置，犹如一轮明月躺在大自然的怀抱。栏杆采用钢栏杆。

9. 沙南新路桥

沙南新路桥上部结构为 15m+15m 钢筋混凝土空心板。本桥采用斜吊杆的拱肋造型，犹如两只沙鸥在空中翱翔。如图 3-61 所示。

10. 西河东路桥

西河东路桥上部结构为 8m+13m+ 8m 钢筋混凝土空心板。采用钢管桁架构成生命之树形状，寓意为生命之树。如图 3-62 所示。

图 3-57 澧北新路桥

图 3-58 丹江路桥

图 3-59 泾河路桥

图 3-60 沙南支路桥

图 3-56 古城路桥

图 3-61 沙南新路桥

图 3-62　西河东路桥

第七节

浮桥、吊桥、栈桥

一、沙河上的浮桥

1986 年漯河区划后，市委、市政府为改善办公条件，提高工作效率，研究决定在沙河以北规划建设行政区。当时沙河上仅有一座公路桥——交通路河沙大桥，桥面较窄，人车混行，通行能力低，交通拥堵及交通事故频发，成为制约经济社会发展的瓶颈之一。经有关专家论证，市政府投资 120 万元在沙河大槐树处建设浮桥一座，供非机动车通行，以缓解沙南至沙北的交通压力，如图 3-63 所示。该桥长 126m，宽 5m，由数十个旧船（钢制）组合而成。为利于排洪，该桥于每年 7 月拆除，9 月重新组装。该桥的建设在短期内缓解了沙南至沙北的交通压力，功不可没，同时也成为沙河上的一道风景。1990 年金山路沙河大桥落成通车后，该桥完成了历史使命，成为人们心目中的永久纪念。

图 3-63　沙河上的浮桥

图 3-64　老渡口（一）

图 3-65　老渡口（二）

二、小商河上的吊桥

小商河吊桥（图 3-66，图 3-67）建于 2015 年 8 月，是一座采取现代工艺技术修建而成的吊桥，桥南北长 26m，宽 1.5m，桥面整体采用防腐木铺设，底部由 4 根钢缆承受桥面重量，桥栏杆采用两根主钢索铁链和 100 多条次钢索铁链加以防护并起到固定承压作用，可同时承载约 30 人同时通过，是漯河地区唯一一座采用此项工艺的吊桥。

小商河吊桥距离“天下第一桥”隋代小商桥不足百米距离，两座相距千年的桥同时横跨小商河南北，相得益彰。桥文化在中华民族文化长廊中，是极富魅力的，它具有的不仅仅是交通输运功能，更承载着深厚的文化内涵。古桥成为文人墨客摹姿绘形、抒情叙怀的对象，留给我们无限的遐思。现代桥巧妙地将人文和自然景物融为一体，形成一道独特的风景线，构成了一幅幅美不胜收的图画。曾经的历史风烟比照当今的繁华，双桥并肩，具有跨越时代的意义，突显和谐、和睦、和平的社会特征。

图 3-66　小商河上的吊桥（一）

图 3-67　小商河上的吊桥（二）

三、沙河上的栈桥

沙河上建设栈桥（图 3-68，图 3-69）千米之长，形成“千米长桥”。

图 3-68　沙河上的栈桥（一）

图 3-69　沙河上的栈桥（二）

四、迎宾馆人工湖上的栈桥

图 3-70　迎宾馆人工湖上的栈桥（一）

图 3-71 迎宾馆人工湖上的栈桥（二）

第八节

其他桥梁

一、人民公园人工湖上“慈善（爱民）桥”

漯河市建筑学会根植家乡，报效漯河人民，于 1986 年捐资五万元，设计、修建市人民公园人工湖上一座桥（仿造北京颐和园玉带桥建设），为人民公园增添一个景点，也是人民公园一个亮点，吸引众多市民、中小学生、儿童竞相拍照留念。如图 3-72 所示。

图 3-72 慈善（爱民）桥

二、开源森林公园鸳鸯湖上“母子桥”（图 3-73）

图 3-73　母子桥

三、召陵区游园景观桥（图 3-74、图 3-75）

图 3-74　召陵区游园景观桥（一）

图 3-75　召陵区游园景观桥（二）

四、沙澧河风景区“情人桥”（图 3-76）

图 3-76　情人桥

五、沙澧河风景区“玲珑桥”（图 3-77）

图 3-77　玲珑桥

六、市第十五中学“毓贤桥”

十五中是一座风景秀丽的花园式学校。尤其惹眼的是教学楼前面的园林建筑，仿佛让人置身于江南水乡。

一座白色的敦实的石拱桥时而静默伫立，时而悄然含笑。站在桥上，心情豁然开朗。桥下溪流淙淙，鱼儿追逐嬉戏，水中荷叶田田，岸边垂柳依依。它把学子们调皮的脚步、活泼的身影、纯真的笑语及朗朗的书声融为一体，让人充分感受到的是一种浓浓的文化氛围和精神象征（图 3-78，图 3-79）。

图 3-78 毓贤桥

图 3-79 桥边晨练

七、裕松源药业人工河上“月亮桥”（图 3-80）

图 3-80 月亮桥

八、居住小区（汾河上的院子）景观桥（图 3-81）

据统计，居住小区已建桥梁十座，限于篇幅，仅选一座桥梁图片。

图 3-81 （汾河上的院子）景观桥

九、市教育局院内“育才桥”

育才桥始建于 2001 年，坐落在漯河市教育局办公楼右前方花木园圃中碧水清池之上，为弧形单孔石拱桥。桥面两侧竖立石柱十二根，柱间石壁上有浮雕图案二十余帧，分别为古代读书典故、现代全面素质教育及花鸟虫鱼等景观，突出体现发扬传统、面向未来、全面育人、办好人民满意的教育之精神特色。桥东西两侧有水上假山、立石相衬，喷泉流水与石拱小桥相映成趣，山水花木与教学课堂相得益彰，古师先贤与当今学子一脉相承。置身其间，静思、求索、发奋、报国之情油然而生。如图 3-82 所示。

图 3-82 育才桥

十、市建委院内“袖珍桥”（图 3-83）

图 3-83　袖珍桥

十一、百米五桥

漯河中王·奥特莱斯别具匠心，在一条水系（莱茵河）上，用桥连通东西商铺，在近 200 米长的河段上建设五座桥梁，打造百米桥梁景观。游人在购物的同时，既可欣赏水景，又可欣赏桥景，将水景、桥景融为一体，让人心旷神怡。

图 3-84　中王·奥特莱斯莱茵河桥梁效果图

图 3-85　中王·奥特莱斯鸟瞰图

图 3-86　廊桥施工实景

第九节

桥梁亮化（夜景）

一、交通路沙河大桥（主桥和辅桥）

图 3-87　交通路沙河大桥夜景（一）

图 3-88　交通路沙河大桥夜景（二）

二、泰山路沙河大桥

图 3-89　泰山路沙河大桥夜景（一）

图 3-90　泰山路沙河大桥夜景（二）

三、嵩山路沙河大桥

图 3-91　嵩山路沙河大桥夜景（一）

图 3-92　嵩山路沙河大桥夜景（二）

四、人民路澧河大桥

图 3-93　人民路澧河大桥夜景（一）

图 3-94　人民路澧河大桥夜景（二）

五、嵩山路澧河大桥

图 3-95　嵩山路澧河大桥夜景（一）

图 3-96　嵩山路澧河大桥夜景（二）

六、彩灯游船

图 3-97　彩灯游船

七、西城区月湾湖

图 3-98　渔舟唱晚

图 3-99　音乐喷泉（一）

图 3-100　音乐喷泉（二）

第四章

漯河桥梁的功能及作用

漯河自古水系发达，域内河流众多，纵横交错，在方圆100平方公里的区域内就有9条河流过境。特别是沙河、澧河作为淮河的主要支流在市区交汇。在当今水资源日益匮乏的时代，这几条河流无疑成为漯河人民的宝贵资源。但是，在过去贫穷落后的年代，河流却成了制约社会发展的天然屏障和水患的根源。历史上沙、澧河曾多次决堤，沿河两岸80平方公里成为一片汪洋，两岸民众遭受了巨大的损失。同时，过去由于经济原因，沙、澧河上仅有一座铁路桥和一座人车共用的公路桥，交通十分不便。人们渡河活动只能靠人工摇撑的小木船摆渡，费时费力，效率低下，物资运输流通更是绕道过桥，曲折迂回。由于桥少，严重制约了漯河地区的经济发展，直接影响到人民的日常生活。

第一节

桥梁建设对漯河城市发展的作用

1986 年 1 月 18 日，国务院批复河南省人民政府《关于进一步调整行政区划，扩大市带县领导体制的请示》，同意漯河市升为地级市，辖临颍、舞阳、郾城三县。1986 年 5 月 21 日，漯河市设立源汇区，其辖区为原漯河市区。2004 年 9 月 23 日，河南省人民政府批准漯河市行政区划行政调整方案，决定撤销郾城县、设立漯河市郾城区、召陵区，调整源汇区部分行政区划，加上原有的源汇区和舞阳县、临颍县，漯河市形成了现在的行政格局。在这短短的 30 年间，漯河发生了翻天覆地的变化，经济快速发展，城市规模拓展迅猛。以桥梁建设为例，从表 4-1 数据资料中足见其成效卓著：

表 4-1　漯河市城区发展指标

指标	年　份		
	1986 年	2014 年	年均增长率
城区人口	5 万人	75 万人	10.15%
GDP 总量	11 亿元	952 亿元	17.27%
建成区面积	5 平方公里	72 平方公里	9.99%
财政收入	0.9 亿	63 亿	16.38%

注：改革开放（1978 年）前建设桥梁 3 座（沙河、澧河）；改革开放（1978 年）后建设桥梁 24 座（沙河、澧河）。

从上表可以看出：漯河的桥梁建设，自改革开放，尤其是行政区划后，有了突飞猛进的飞跃式发展，足以证明市委、市政府慧眼独具，高瞻远瞩，把道路和桥梁建设作为城市经济和社会发展的重中之重着力抓好。起点高，推力大，三十年中相继建成了数十座跨河大桥。如今的漯河市区，高楼林立，道路四通八达，路桥相连。站立桥头，沿河远眺，远近数桥映入眼帘，一桥一景，各具特色，座座雄伟靓丽。随着桥梁的增多，市政府又加大了沿河两岸的开发建设，创建了沙澧河风景区，使沿河堤岸成为了绿树成荫、曲径亭榭、鸟语花香的园林式景观胜地，极大地提高了漯河的知名度和吸引力。如今的河桥风景已成为远近闻名的旅游观光景区。及至夜晚，沿河两岸彩灯闪烁，五光十色，水面波光粼粼，与沿岸灯光相映成辉，真如人间仙境。跨河大桥更被装饰得光鲜亮丽、风格各异，令人叹为观止，流连忘返。漯河的发展也吸引了众多商企界精英来漯投资发展共赢，截至 2014 年底，漯河城区共创建了 4 个产业集聚区，有13家世界五百强企业和18家中国五百强企业来漯扎根落户，投资创办企业，极大地推动了漯河市的经济发展速度和效率。

今昔相比，别有洞天，令人感叹不已。改革开放带来的丰硕成果，漯河人拼搏创新的辉煌成就，从一座座跨河大桥上就能找到答案，桥梁建设推动并见证了漯河市的快速发展与繁荣。

第二节

桥梁建设对漯河城市发展的影响

早在民国时期，人们就认识到现代交通的重要性并著书记载“交通为文化之枢纽、经济之命脉，地方政治、社会风习，均视之为转移”，而作为交通关键部分的桥梁，其对文化、经济等的作用也必然不可小觑。

桥梁的建造过程与城市的发展是息息相关的，城市的发展决定了需要修筑更多的桥梁，而在各大中城镇中修筑的各式各样的桥梁将众多城市道路、乡村道路、公路、铁路相互连通，织成了四通八达的交通网络，将城市各部分连接在一起，因此桥梁的建造无疑又进一步推进了城市的发展和建设。

一、桥梁对城市交通的影响

城市现代化使得城市对交通便利的需要越来越迫切，桥梁作为交通的重要环节，在现代化城市的发展中显得愈发重要。

俗话说：“逢山开路，遇水搭桥。”在现代化的交通建设中，除独立大桥外，大多数高速公路的桥隧比往往达到25%以上，中国西部山区局部高速线路，桥隧比甚至高达80%。路上有桥，桥上有路，桥梁已经是各条高速公路建设与运营管理中的关键控制点。

在高速发展的城市中，地面的人流和车流嘈杂，影响到城市的正常生活，为了合理规划城市交通，城市桥梁被摆上了日程。在将城市分隔开的江河上修筑连接两岸的跨江河桥梁，可以将城市联系的更紧密，使城市市民的通行更加便捷，更加优化城市的发展；在人流与车流密集的闹市区修建可以使行人通行的人行天桥，可以在一定程度上解决城市的交通拥堵问题，为人们提供更多的便捷，使市民的满意度更高。

二、桥梁对城市经济的影响

中国有“经济发展，交通先行”及“路通则百业兴，路畅则百业旺”的俗语，它们都反映了交通对于国民经济的重要作用。桥梁，作为交通的重要组成部分，对于国民经济与城市经济发展的作用更是不言而喻，以至于人们对桥梁有“经济腾飞纽带”的称法。

在城市交通干道上遇河就必定会架设桥梁，而且大多为大型桥梁，即使是在非交通干道，也会建造规模较小的桥梁，有的甚至设置浮桥。当河道上建设桥梁后便会通畅城市的道路，而城市道路的畅通无疑会促进城市经济的发展。

翻阅相关资料便可知晓，世界上很多国际大都市的形成，都源于依江伴海、遇水架桥，打造成人流、物流、信息流的血脉通道。如欧洲依莱茵河、塞纳河而建成的国际大都市；韩国首尔建设有24座跨江大桥，使整个城市融为一体，创造了“汉江奇迹”；在中国，自古以来就有以桥促进经济发展的传统。如位于北京西南丰台区境内的卢沟桥，其修建与北京城的兴起密切相关：金代建中都，北京逐渐兴起，成为全国的政治与文化中心，卢沟桥是连接北京小平原与华北大平原的重要通道。

细看一座城市的历史，不难发现城市经济的繁荣与桥梁的建设是密不可分的。桥梁的发展引领了城市经济的发展，而城市经济的发展必然为桥梁的建设提供物质、技术、资金支持和现实的需要。以上海为例，上海位于中国南北海岸中心点，长江和黄浦江入海汇合处，其特殊的地理位置使它要担起作为国际经济、金融、贸易、航运中心重要地位的城市，而桥梁作为上海不可或缺的交通要道，助推上海的发展迈出了至关重要的一步。上海早在20世纪末就建成了城市高架桥网络及数量众多的立交桥，同时也有六座大桥横跨黄浦江，至今上海桥梁总数已经达到了5万余座，而第一座真正意义上的外海跨海大桥——东海大桥的建成通车，更是为加快上海国际航运中心的建设奠定了重要的基础。

在当代，桥梁发展同样促进着城市经济的提升。世界第三大河流长江全长6300km，已建桥梁上百座，造就了一批以大桥为中心而形成的工业经济商贸热点城市。如长江上游的城市重庆，自古以来就被誉为中国桥都，3000年的文化历史，有很多的古桥，也有现代世界跨度最大的拱桥——朝天门大桥，一座座桥梁不仅把这座跨江的山城连为一个整体，促进了重庆的繁荣，也让“两江文化”演绎得灿烂多彩。长江中游的武汉，在武汉长江二桥建造之前本为荒郊野地。而据交通、交管部门的数据统计，武汉长江大桥建成40余年来，累计创造的直接经济效益达到近百亿元，使得武汉长江二桥两岸如今已然成为武汉市新的商业中心。武汉长江大桥的建成，不仅仅是解决中国当时南北一江分开的问题，对当时中国的经济和武汉当地经济的发展也起了至关重要的作用。在长江下游的城市南京，长江第四大桥的通车，进一步增强了南京过江通道的通行能力，优化南京区段过江交通组织，进一步分离城市交通与过境交通，缓解城市交通压力，使南京过江设施的功能更加明晰，让这座扬子江畔的六朝古城变得更为辽阔与发达。

三、桥梁对城市文化的影响

桥梁，或长虹卧波，或屹立于闹市之中，或大写在一条条瑰丽的高速线上，不仅编织成四通八达的交通网络，连接着四面八方，同时也依靠自身的文化底蕴，传承历史与文明。我国历史文化悠久，自古以来建成的桥梁，不计其数，其中多有跨时代的杰出桥梁，对世界人类文明做出了巨大的贡献。这些桥梁是我国宝贵的民族遗产，有的现在尚继续为人民服务，有的经过加固，仍能发挥作用，有的已随岁月消逝，无遗迹可寻。

我国自古以来就非常重视桥梁修筑与文化的关系，即同时考虑桥梁的实用功能与艺术效果。在设计和建设桥梁时，古代桥梁设计者大多都精心考虑了这两个因素，既把桥造得非常坚实，使它能承受该地区交通车辆过河跨谷的需要，以发挥其长时间的交通职能，又将其造得十分美观、大方、精巧，使之成为富有文化底蕴的一种建筑景观。特别是古典园林中所设计的各类桥梁，其文化及美学观赏价值常常高于交通价值。今天，这些遗韵犹存的古桥，除了仍在发挥其交通功能外，大多数桥梁已列为不同级别的保护文物，成为人们观览、欣赏的历史文化景观。极富文化色彩的桥梁也往往成为文学和艺术中的绝好题材，这在我国古代的诗、画、铭、赞、颂、记中表现得淋漓尽致，使得太多文人志士为我国璀璨的文化添上艳丽的一笔。

纵观古今，能打动世人而被广泛传诵的桥梁，能带动交通持续发展的桥梁，无一不与文化紧密相连。而对于一个城市的桥梁来说，其文化底蕴与当地文化水乳交融。一座座令人难以忘怀的桥梁，承载着它所属城市的文化底蕴，放射出城市文化独有的光彩，成为城市文化传承的媒介，更是城市底蕴与风采的独特标志。

南京长江大桥气势恢弘的钢构，淡黄的色彩，尤其是桥头堡上的三面红旗均会唤起人们对一个时代的追忆。其景观物像的标识意义较前文所述的地标作用有了更广泛的延伸：该桥是南京的标志，是我国20世纪中下叶的时代标志，还是我国科技进步的标志，更是那个时期社会主义建设成就的标志。

位于漯河市临颍县与郾城区交界的小商河（颍河故道）上的小商桥，始建于隋开皇四年（公元584年），为一座坦拱敞肩式石拱桥，其修建时间比赵州桥（建于隋大业年间）还要早二十几年，因此对于研究建筑和交通史有着非常重要的意义。小商桥总长20.87m，其主拱和小拱均是由20道拱石并列砌筑而成，主孔每块拱石间均由腰铁连接，券面石浮雕有天马、狮子、莲花及几何图案，拱之上端置有兽，伸出桥身，桥墩下部四角有高浮雕金刚力士像，双肩扛拱，双手上托，大小一尺左右，造型生动优美，做工精致，风格古朴，充分体现了我国古代劳动人民丰富的智慧和精湛的技艺，同时此桥也将我国传统文化表现得淋漓尽致，成为了漯河市一处特色人文景观。

桥梁在城市交通中占有举足轻重的地位，如果在建筑时将功能性与当地文化性结合在一起，将不仅可以传播城市的文化，更能使其成为城市的标志。

四、桥梁对城市生活环境的影响

城市是人类生活的家园，寄托人类的居住理想。早在人类尚未有能力建造房屋的时候人类就渴望定居，渴望得到一个理想的居住环境。定居之后，人们又不断地探索怎样能居住得更好，这些都反映了人们对美好居住环境的追求。在人们追求美好居住环境的过程中，城市景观设计也引起了人们的重视。对城市景观影响力最大的是建筑物，也是城市景观中的主要构成，而桥由于其跨越和联系功能的本质，使其常常处在边缘位置联系两个不同的区域，义不容辞地成为了城市景观中极其重要的角色。

我国有着深厚的文化底蕴，只要因地制宜地加以运用，把桥文化内涵巧妙地用于现代城市景观环境中，就可创造出充满诗情画意的意境，给我们的生活环境增光添彩。我国古代桥梁修建者就十分注重桥梁与环境的协调，而成美景。譬如，西安古灞桥，融于自然，与自然浑然一体，令人醉心的景色派生出“折柳赠别”的发人联想的艺术效果。

一位世界著名的桥梁专家说过：“好看的桥梁并不需要付出更多的造价，美丽的桥梁多半是经济的。这是因为只要采用合理的规划、设计方法，使之与环境相协调，使技术和艺术相互补充而不是相互矛盾，就能同时达到经济与美学完美结合的效果。”可见，综合各方面设计出来的桥梁对于城市的生活环境会起到相得益彰的效果。

桥梁作为一个重要的实用建筑工程，出现在一个固定地点，它和桥梁周围空间环境一起处在人们生活空间之中，构成整体景观，使得城市的生活环境更加优美，使人们的幸福感得以提升。

千百年来，人们之所以爱桥、颂桥，不仅仅因为桥梁给人们带来了交通便利，使得沟通的心越来越近，回家的路越来越短，还因为桥梁给人们所生活的城市经济带来了腾飞、文化带来了繁荣，并为人们的生活环境带来了更多惬意和优美。桥梁的建设与城市的发展是同步的，桥梁作为城市发展的见证者，更为城市通向繁荣的现代化搭起了阶梯。

对漯河来说，桥梁是宝贵的资源，更印证了改革开放以来漯河城市发展的轨迹。它成为了提升城市品位的一幅幅宣传画卷，更是漯河誉满华夏的标志性建筑。行政区划以来，漯河的发展成果有目共睹，沙、澧河上三十年内建成了 24 座跨河大桥，平均每 3 年建 2 座桥，每 0.8km 河面上有一座桥，其密度在中原城市群中绝无仅有，创出了多个桥梁建设的中原之最。加之沙、澧河两岸的开发建设，确实为漯河增色颇多，使漯河在中原城市群中成为最具特色的水城、桥城。在河、桥文化的衬映下，漯河获得了“国家园林城市”“国家森林城市”等荣誉称号，使漯河这个在改革开放后升为省辖市的新兴城市飞跃成为中原地区的一颗新星，成为名副其实的“中原桥城”。

第三节

申报“中原桥城”，锁定特色资源优势，促进漯河持续发展

众所周知，不同的城市有不同的自然资源和区域优势。桂林以山水驰名，苏州以园林著称，黄山以风景悦世，黑龙江以冰雪引人。如何利用这些自然资源和优势发展自己，是各地的一个共同愿望。为此，不少城市已做出了典范。“中国春城”“中国冰城”“中国凉都”“中国雾都”“中国水都”等这些天赐的气候景观都成为了当地的特有名片，并被人们高效利用，成为了推动当地经济社会发展的独特资源。如此先例，不胜枚举。

漯河虽无名山胜水，但作为一个靠自身努力实现跨越式发展的中原新兴城市，更应汲取成功城市的宝贵经验，不断扩大自身优势，高效利用现有的各种自然资源和文化资源，促进当地经济社会的可持续发展，方为富民强市、实现漯河梦的明智之举。漯河的“桥文化”，是改革开放的成果见证，成就突出，发展速度迅猛，已创出多个中原之最，桥已成为漯河的标志和特色。国内桥梁专家赞誉漯河桥梁建设：“站立桥头，左看有桥，右看还是桥。”因此申报“中原桥城”已是漯河人的共同心愿，具有重要的现实意义和深远的历史意义。通过申报“中原桥城”从而锁定漯河的特色资源优势，凸显城市独有的文化和地标风貌，使漯河人的智慧和建设成就得到公众的认可和欣赏，从而保持漯河经济、社会的持续发展，并造福于后世子孙。

对于漯河的古桥遗存，当地媒体给予了高度关注，《漯河晚报》曾独辟“见证古桥”专栏，对漯河域内的古桥进行系列报道，逐桥介绍了每座古桥的历史渊源和传奇。值得注意的是有些古桥因人们保护意识淡薄，任由风雨侵蚀而

损毁，个别桥洞甚至成为了垃圾场，看后不禁令人惋惜和遗憾，值得人们关注。

“古桥”是不可再生的资源，是漯河的宝贵财富，它记录了一座城市的发展轨迹，见证着一座城市的繁荣与变化。研究如何保护古桥，并利用古桥，对塑造漯河形象，打造漯河品牌具有积极的现实意义。要充分利用这种资源，对市民进行爱桥、护桥的宣传教育，以桥梁建设的丰硕成果，推动漯河旅游业的大发展，推进漯河经济社会的又好又快发展，让桥成为漯河走向世界的一张名片。

第五章

漯河桥文化

漯河市作为中原桥城，在政府领导的鼓励和支持下，成立了桥梁建筑文化研究中心。中心成立后，在较短的时间内，对桥文化研究工作循序展开。在研究过程中，我们发现，桥文化已渗透到了各行各业，体现在新闻报道、文学作品、绘画作品中。在此基础上，我们组织了相关会议，做了基础性的研究，现将研究成果汇于此章，展现于世，字里行间可以看出广大漯河人民对桥的热爱与深情。

第一节

桥文化研究

关于合作共建“桥梁建筑文化研究中心”的决定

各分会、专业委员会、工作委员会，各省辖市（土木）建筑学会，各省直管县（土木）建筑学会、各县（土木）建筑学会，中原油田土木建筑学会，各相关单位：

经协商，学会研究决定与漯河市建筑学会（乙方牵头单位）、漯河职业技术学院（乙方协作单位）、漯河市市政工程设计院（乙方协作单位），合作共建“桥梁建筑文化研究中心”（以下简称“中心”）。

合作共建“中心”是学会为了整合优化学术资源，倡导建筑文化，彰显地域文化特征，繁荣建筑创作，促进土木建筑学科发展，深化、创新合作学术研究方式，搭建学术交流平台，开展丰富多彩的学术交流活动，探索推进协同创新途径，提升学会组织学术研究与交流的能力与水平，凝聚全省土木建筑领域学术创新智慧与活力，开拓进取，推动学会在新常态下创新发展。

请漯河市建筑学会按省学会有关规定和要求，认真组织，积极筹备，尽快提出《组建“桥梁建筑文化研究中心学术委员会”建议案》，报送本会审批、任命。为了进一步推进漯河桥梁建筑文化的研究，在筹备、组建“中心学术委员会”时请注意联合文化学者，多学科融合，共同挖掘中原地区桥梁建筑的文化底蕴、地域特点和建造风格，凝练文化元素，以启发和开拓创新思路，为社会经济发展做出更大贡献。

河南省土木建筑学会

2014年8月21日

桥梁建筑文化研究中心落户我市

“经过多年的奔波呼吁，桥梁建筑文化研究中心终于获批了！”4月27日上午，市建筑学会秘书长刘志杰先生拿到桥梁建筑文化研究中心的批文后，欣喜地告诉记者，“专门研究桥梁建筑文化的机构，目前全国只此一家。”

刘志杰告诉记者，桥给人们带来交通便利的同时，还具有艺术功能，一座桥梁就是一道亮丽的风景线。此外，桥还有着丰厚的文化底蕴。漯河的跨河桥梁堪称中原一景，桥文化亦不乏深厚的历史和文化渊源。尚存的古代桥梁有“天下第一桥”之称的隋代“小商桥”、北宋时期的洄河石拱桥、清代“状元桥”；近代的有贯穿我国南北大动脉的京广铁路沙河桥。装点美化着这座滨河城市，也见证了漯河的繁荣与发展历程。

“现在我们最值得骄傲的是，漯河是中原城市群中跨河桥密度最高的城市，是中原城市群中30年内建桥最多的城市，是中原城市群中桥梁结构类型最多的城市。

目前，西城区管委会大胆尝试，将国内外著名的桥梁缩小搬入该区，已建成14座，正建3座，规划24座，未来这里恰似一座创吉尼斯纪录的名桥博物馆。”刘志杰对记者说，漯河的“桥文化”，是改革开放的成果见证，成就突出，发展速度迅猛，桥已成为漯河的标志和特色。

据了解，桥梁建筑文化研究中心由河南省土木建筑学会与我市建筑学会、漯河职业技术学院、市政工程设计院三家单位合作共建。

（作者：齐放，本文原载《漯河晚报》）

《漯河桥梁建筑特色及其对城市建设的影响》评议意见

受河南省土木建筑学会委托，专家组于2015年11月23日，对《漯河桥梁建筑特色及其对城市建设的影响》进行评议。专家组经过认真审阅课题研究报告，查看课题研究相关资料，经讨论，形成如下鉴定意见：

1.课题选题符合漯河市打造中原桥城的设想。

2.课题采集的数据紧密围绕课题的要求与目标，图片真实可靠，内容丰富翔实。其中，有深远影响的桥梁有古代小商桥、近代平汉铁路沙河大桥、现代泰山路沙河中承式拱桥、嵩山路澧河斜拉桥。用文字、照片等多样化的形式进行了记录，真实反映了课题研究的过程和轨迹，有利于研究者进行进一步的反思和提升，并为中原桥梁文化研究以及今后的桥梁史提供了可靠的资料。

3.专家认为，该课题研究完成了预定的研究目标，在同类研究中居于领先水平。专家组一致同意，通过对该课题的鉴定。

单位	职务职称	姓名
河南省交通厅	原副厅长兼总工程师、教授级高级工程师	张圣城
原铁道部大桥局一处	原总工程师、教授级高级工程师	欧阳克武
中国建筑学会建筑施工分会	副理事长、教授	王新泉
漯河市交通运输局	原总工程师、高级工程师	叶秀芳
同济大学建筑设计研究院桥梁分院	总工程师、教授级高级工程师	徐利平

图 5-1　评议会现场（一）

图 5-2　评议会现场（二）

专家聚漯河　共话“桥文化”

小商桥、洄河桥历史悠久，泰山路彩虹桥、嵩山路斜拉桥彰显现代魅力……2015 年 11 月 23 日下午，参加由省土木建筑学会和市建筑学会共同举办的“桥梁建筑文化与技术高层论坛”的专家们，听取省土木建筑学会桥梁建筑文化研究中心关于“漯河桥梁建筑特色及对城市建设的影响”的专题报告后，对我市的桥梁文化产生了浓厚的兴趣，并高度评价我市桥文化独具魅力。

漯河：一座桥梁就是一道靓丽的风景线

据不完全统计，目前，我市境内的古代桥梁有 65 座，其中有代表性的石桥有十多座，其建造年代有隋代、北宋、明朝到清朝等。保存完好的有“天下第一桥”隋代小商桥、北宋洄河桥、明朝的“高桥”和石轴柱桥、清朝的“状元桥”和“沱沟桥”等。其中小商桥被收录《中国桥梁史纲》一书。

改革开放以来，我市着力改善民生和发展经济，在全市修建了许多桥梁。其中，在沙河、澧河上高起点、大手笔地先后建成了一座座连通市区东西南北的跨河大桥。目前，我市建成区内已建桥梁 210 座，在建桥梁 8 座，拟建桥 4 座，规划桥梁 21 座，其中沙河、澧河上已建桥梁 23 座。未来，漯河正向打造 300 座城市桥梁的目标迈进。

桥给人们带来交通便利的同时，还具有艺术功能，一座桥梁就是一道靓丽的风景线。如今的漯河市区，高楼林立，道路四通八达，路桥连接，站立桥头，沿河远眺，远近数桥映入眼帘，一桥一景，各具特色。及至夜晚，沿河两岸彩灯闪烁，五光十色，水面波光粼粼。跨河大桥更被装饰得光鲜亮丽、霓虹闪烁，令人流连忘返。

“可以说，漯河发展的辉煌成就和丰硕成果，从一座座跨河大桥上就能找到答案，桥梁建设对漯河快速发展的作用更是功不可没。”河南省土木建筑学会桥梁建筑文化研究中心副主任兼秘书长、市建筑学会秘书长、高级工程师刘志杰说。

专家：打造独具地域特色的桥梁文化

“桥梁不仅编织成四通八达的交通网络，同时也依靠自身的文化底蕴，传承历史文明。”原中国公路学会副理事长、著名学者、土木工程专家、首批享受国务院特殊津贴专家张圣城先生，高度评价漯河桥梁在经济发展和城市交通中所处举足轻重的地位后指出，如果在未来建筑时将桥梁的功能性与当地地域文化结合在一起，将不仅可以传播城市文化，更能成为城市的标志。

河南省土木建筑学会桥梁及结构专业委员会主任委员、从事桥梁建设近 50 年的教授级高工欧阳克武认为，小商桥不仅体现在文化性征，如果把小商桥历经千年而不跨的建筑理学研究透，可以继承古人经验，古为今用并发扬光大，建筑更坚固的桥梁。此外，打造“桥文化”，就要在吸取同行业经验的基础上，大力创新桥梁设计，让桥文化真正突出当地元素，并融为地域文化特色的元素之一。

与会专家纷纷发表真知灼见，为我市桥梁建筑出谋划策，为传播漯河“桥文化”献计支招。

“现在我们最值得骄傲的是，漯河是中原城市群中跨河桥密度最高的城市，是中原城市群中30年内建桥最多的城市，是中原城市群中桥梁结构类型最多的城市。”刘志杰信心十足地告诉记者，漯河的“桥文化”是改革开放的成果见证，已创出多个中原之最，桥已成为漯河的标志和特色，未来应积极申报“中原桥城”，打造城市独有魅力，让漯河的特色资源优势成为宣传漯河的另一张名片。

（作者：齐放　刘彩霞，本文原载《漯河晚报》）

全省桥梁建筑文化与技术高层论坛在我市举办

2015年11月24日，全省桥梁建筑文化与技术高层论坛在我市举办。副市长刘国勤出席开幕式。河南省土木建筑学会桥梁建筑文化研究中心揭牌并落户我市。

据了解，近年来，我市充分利用河流资源，发掘桥文化内涵，高起点、大手笔规划城市水系、桥梁建设，致力打造中原桥城的城市新名片。目前，全市已建成大小桥梁230多座，仅沙河、澧河上就建成桥梁近30座，市区建成和在建桥梁近20座，一桥一景，各具特色。

刘国勤指出，这次全省桥梁建筑文化与技术高层论坛在我市举办，既是对我市桥梁建筑文化的肯定，又是对我市城市建设特别是桥梁建设的促进，必将有力推动全省桥梁建设水平的提高以及我市城市建设事业的发展。

（作者：姚肖，本文原载《漯河日报》）

图5-3　河南省土木建筑学会副理事长兼秘书长、教授王新泉

图5-4　漯河市人民政府副市长刘国勤（中）

图5-5　河南省桥梁建筑文化研究中心主任委员、高级工程师黄建民

图 5-6　河南省交通厅原副厅长兼总工程师、
教授级高级工程师张圣城

图 5-9　同济大学博士党新志

图 5-7　原铁道部大桥局一处总工程师、
教授级高级工程师欧阳克武

图 5-10　研究小商桥民间人士邢民甫

图 5-8　同济大学建筑设计研究院桥梁分院
总工程师、教授级高级工程师徐利平

图 5-11　会场全景

桥梁建筑文化研究中心召开桥文化座谈会

经过精心准备，2015 年 12 月 15 日下午，河南省土木建筑学会桥梁建筑文化研究中心在郾城区文化旅游局四楼会议室召开委员座谈会，市建筑学会理事长尼宏杰高工主持会议，市建筑学会顾问、桥梁专家叶秀芳高工等13人参会。

研究中心副主任委员兼秘书长刘志杰高工对前段开展的主要工作进行总结，并对2016年拟开展的活动向委员征求意见。2015年主要完成以下工作：

一是与《漯河晚报》联合开展“见证古桥”报道，共报道五座古桥六个版面，在省内引起广泛关注；二是完成“漯河桥梁建筑特色及其对城市建设的影响”研究报告，并通过专家鉴定；三是与省土木建筑学会联合举办“桥梁建筑文化与技术高层论坛”，得到省内高校土木工程学院的积极响应与参与，论坛达到预期效果。

委员们对2015年工作给予充分肯定，对2016年工作发表了意见和建议。

2016年工作主要是：

1. 与市科协、漯河日报社联合举办“漯河桥梁建设、沙澧河风光”文学作品征集、摄影大赛、书画作品征集，沙澧河摆渡、浮桥、船民工作生活老照片征集。

2. 编写《中原桥城 · 漯河》一书。

3. 启动中原桥城申报工作。对舞阳县、临颍县古桥进行调查，建立档案。

4. 对拟建井冈山路沙河大桥以郾城八大景展示进行论证。

5. 向社会征集沙河通航桥梁的设计方案，充分体现地域特色和文化内涵。

6. 在小商桥专题片基础上，对近年景区建设情况补充完善，向社会发行。

7. 撰写“桥文化与旅游业的融合”研究报告，上报市政府有关部门，争取纳入“十三五”规划编制内容。

8. 完成关于“小商桥的传说”论文调查考证工作，对大工匠李春的祖籍是否在方城（唐河）进行实地调研考察，力争2017年在全国桥梁会议上发表。

9. 完成范寨村“状元文化”的发掘工作，撰写一篇高水平的学术论文，力争2017年在全国桥梁会议上发表。

图5-12　漯河市桥文化座谈会（一）

图5-13　漯河市桥文化座谈会（二）

图5-14　漯河市桥文化座谈会（三）

第二节

古桥史话

千年古桥　国之瑰宝

1982年11月3日，北京晚报登载了一篇题为《河南省发现一座隋代石拱桥》的报道。这座石桥坐落在107国道809公里处的临颍县境内，谓之“小商桥”。小商桥不过是一座长21.3m，宽6.45m，高6.55m的石拱桥。就是这座不起眼的小桥的发现，却在国内学术界引起很大反响。一时桥梁界、文物界许多专家学者纷纷前去考察、研究，定为“天下第一桥”。

小商桥属敞肩担拱桥，桥下河底用12排青石板铺砌，石板下打有木桩，桥台采用6层红沙条石砌成。桥台四角各有一尊两手上托，双肩打拱的浮雕力士，雕工精细，形象生动。两桥台上层顶面凿有榫槽，主拱圈角嵌在槽内。

主拱券是用20道双层并列的红沙条石砌筑而成。主拱券镶面石雕有莲花、牡丹、天马、彩云图案。正中龙门石刻有饕餮状吸水兽。在主拱拱背上，两端各置一兽头，北端为龙，南端为龟。小拱券分别用三层红沙条石砌筑，一端支在拱券上，另一端支在桥台上。其镶面石也刻有莲花、牡丹图案，工艺细腻，虽历经风化剥落纹路清晰可见。与主拱券镶面石图案则粗犷、浑厚，显然不是同一时代的作品。桥上有18根青石立柱及青石横板，还雕有石狮、罗汉等图案。从古河道中挖出的一些不同年代重修时用过的立柱、横板。如刻有正德三年的明代立柱、横板等证明此桥创建于隋代，历经唐、宋、元、明、清诸代多次修复。

小商桥的结构、工艺、风格与河北赵州安济桥有许多相似之处，两桥都属敞肩担拱桥，主拱矢跨比都接近于1/5，都采用并列式砌筑法。不同之处在于小商桥主拱与小拱均用20道拱肋并列砌成，未设横向联络装置，而安济桥各拱肋间设有九道横向锁结穿钉，并用钩石与腰铁联结拱石，增加了横铺的护拱石，使应力分布更趋合理。另外小商桥主拱两端各设一小拱，小拱拱脚一端支在主拱券上，另一端支在桥台上，两个基脚沉落不同，易使拱券裂垮，而安济桥主拱跨度比小商桥大一倍，在主拱两端各设两个小拱，拱脚都支在主拱券上，比较合理。又据有关资料记载：安济桥下曾发现石刻落款：“唐山李春（一说李通）开皇十年”字样。“隋书”提到的唐山有两处，一处在山西，另一处在今河南方城。河南洛阳、南阳地区是古代建造拱型结构的能工巧匠之乡。是否可以推论：李春是方城人，他在临颍修建了规模较小的小商桥，总结经验，改进设计，继续北上修建了比小商桥更完美的赵州安济桥？

小商桥经历了1400余年的风风雨雨，承受了数十次地震和洪水的冲击。至今主拱基本未动，尚能支承汽车，拖拉机通行，此桥长龄之秘何在？首先从结构力学的观点来看，小商桥是从实拱向敞肩拱转变的划时代建筑。敞肩拱的产生，调整了恒载压力线型，以达到有可能接近形状较坦的圆拱拱轴线。另外敞肩拱能增大泄洪能力，减少水流平推力对桥身的冲击。其次，小商河虽历经变迁，但千百年来一直是逝水长流，基础木桩始终浸泡在水中，密封不腐。小商河在雨季也有洪水泛滥，洪水既可决堤毁田，有“浊流一过，多为沃野”之说。县志有“民伺其水弥及盗决”的记述。这种人为的决堤盗水肥田行为，招致小商河河道逐渐淤塞，从而使小商桥避免了洪水冲刷。再则，建桥的石材是淡红色的石英质砂岩，质地坚硬断面晶莹闪亮，不易腐蚀风化。粘结料也是拱桥寿命的控制因素。该桥由于年久失修，无人管理，到1982年，桥西北小孔上方严重坍塌，雕有各种装饰图案的桥石散落于古河道内。因自然及人为的损坏，一些图案已模糊不清。桥西侧的水坑边，一些妇女竟取桥上石块当洗衣板、捶布石使用。加集市贸易，人来车往，危机四伏。国内许多桥梁和文物专家，强烈呼吁抢救小商桥，81岁高龄的原河南省交通厅总工程师孙玉泰老人大声疾呼：“如果此桥垮在我们这代人手中,是无颜以对天下人的。”1992年1月，国家文物局文物组组长、考古专家罗哲文实地考察后，建议对该桥进行封堵保护，禁止车辆通行，希望尽快拿出对该桥的大修方案。1992年8月31日，国家文物局批复了对小商桥维修方案，并拨款100万元作为维修补助。同年9月29日在临颍县召开小商桥维修工程实施方案研讨会，并成立了以河南省文物局、省交通厅、漯河市人民政府负责人为组长的小商桥维修工程领导小组。在有关单位及各界人民群众的大力支持下，经3年努力，耗资200万元，小商桥维修工作终于完成。

小商桥的东面，有宋代名将杨再兴陵园。杨再兴，江西吉水县人，幼年家境贫寒，跟随父亲打鱼为生，18岁时参加曹成领导的农民起义军。后为宋朝岳飞军队的严明纪律与报国忠心所动，毅然投奔岳家军。屡建战功，封为统制。宋绍兴十年（公元1140年），宋、金两军郾城大战，杨再兴率300轻骑，夜袭驻扎在小商桥的金营，擒兀术不获，斩敌2000余，后因大雪迷路，误入小商河，马陷淤泥之中，被金兵用乱箭射死。村民传说：“杨再兴身上所中之箭头逾一斗之多。”岳飞击败金兵后，将再兴葬于古桥东200米处，以其枪刃刻“再兴之墓”并断石立墓。明代黎公弁有诗云：

河流向东南，界断郾城路。
凿石作危桥，来往无辛苦。
桥边有战坊，故事在前史。
金人寇我边，将军躬御侮。
断首数千人，功建义而死。
岳帅虽痛惜，宋主竟如此。
我欲问流水，滔滔去无语。

1926年北伐军贺龙指挥的第十五师在临颍北邢庄与奉军展开了殊死战斗，喊杀声震天动地，最后一举击溃了奉军。代旅长贺锦斋瞻仰杨再兴墓后，在小商桥赋五言绝句一首：

英雄杨再兴，无愧宋将军。
赢得沙场死，千秋慕英名。

漯河市和临颍县人民政府依托千年古桥与民族英雄杨再兴墓，建立小商桥旅游区。随着小商桥和杨再兴墓祠的修葺，一大批游乐设施与商业网点相继建成。以旅游观光为主，工商业协调发展的小区已初见端倪。

（作者：叶秀芳　叶红，本文原载《河南交通科技》）

走近千年小商桥（上）
——承载厚重历史记忆

编前语：桥是一个城市的历史见证，是凝固的音符，拥有灵动的韵律。桥梁清晰地描绘出城市发展的足迹，它们是时代的精品，记录下永久的历史。同时，桥还是一个城市文化的象征。漯河有许多桥被人们所称道，比如小商桥、洄河桥、运粮河桥、状元桥等。那么，这些古桥有着怎样的历史故事？它们能够屹立百年甚至千年的秘密是什么？从今天起，我们将推出一组有关漯河古代桥梁的报道，向您讲述有关古桥的历史、文化，以及鲜为人知的故事。

小商桥是我国乃至世界上保存下来最早的圆弧坦拱敞肩石拱桥，是全国现存古代桥梁之瑰宝，有着“天下第一桥的美誉”。与小商桥有关的名胜古迹、人文景观，吸引了国内外无数游客慕名造访，已逐渐成为人们旅游、观光、投资的胜地。4月下旬的小商桥景区，花木扶疏、树影婆娑，百花的气息幽远清淡，勾勒出丰盈馨绿的风情。古桥、流水、驿站，又让人恍若进入那些悠远的沧桑岁月。

小商桥，石拱桥的“活化石”

小商桥位于临颍县皇帝庙乡商桥村，南北跨小商河之上。进入景区，一条蜿蜒逶迤的玉带环绕在绿树花丛中。横亘在面前的这条古老河道，就是闻名遐迩的小商河。因为小商桥用的是红色石英砂岩，从远处看，桥面以下周身呈赫红色。河岸两旁，杨柳迎风摇摆，五彩缤纷的花儿点缀其间，三三两两的游客惬意地走过，这一切显得那么安详和谐。年逾1400年的古桥静静地矗立在河中，见证着历史的过往，至今仍显示出其非凡的气度和宏伟的姿态。

“小商河实际上是颍水故道，传说古时商王曾路经此地故赐名小商河，而小商桥又因河而得名。”小商桥景区管委会主任梁占杰告诉记者，“也有人说，小商河原名叫小搬河，宋代初年为避宋太祖之父赵宏殷之讳而改名，桥亦随之更名。”

走上小商桥，可以清晰地看到岁月留给这座古桥的沧桑，尤其是桥面中间的两道沟槽让人感到巨大的震撼。这些车辙印，有的深处能放下一个拳头。“这是古时的大车车轮在桥面的石板上反复碾压后留下的车辙印，可以想象当时这座石桥的繁华。”梁占杰说，作为横跨小商河的桥体，小商桥为南来北往的商贾提供了便利的交通，承载了这一地区的繁华与发达。

小商桥桥面用青石铺砌，共有28根望柱，柱头雕刻有狮子、莲花、仙桃等。望柱间有26块栏板，雕刻有水、鱼、龟、莲花、牡丹、窗棂等图案，刻工精湛，造型逼真。

一根望柱上面，一尊狮子的小型雕刻肌肉丰满、线条流畅，爪踩石球、昂首挺胸，守护着石桥挺立在历史的烟雨缥缈里，它威风凛凛，又憨态可掬，微微地侧着狮头，好像在倾听来自远古的声音。

在桥柱和栏板上，有多处明代石栏遗存，上有“明正德三年四月望后重立”字样，捐建人不经意间把自己的名字镌刻在历史上，也同时记下了小商桥弥足珍贵的历史资料。

小商桥中孔拱券上雕刻着龙、虎、狮子和

天马等动物形象及莲花等图案。在桥的主拱和两侧小拱交接处，以圆雕手法雕饰龙头，伸向两侧河面。拱券正中的龙门石上刻着吸水兽，面目狰狞，作吞吐汹涌水流状。最引入注目的是小商桥桥墩四隅各雕刻着一个负重的大力士，他们体格健壮，肌肉发达，似以千斤之力承托着整个拱桥，雕刻得惟妙惟肖。

小商桥位于历代官道上，这里曾经是古代交通、军事主动脉，扼南北交通要塞，成为兵家必争之地。隋炀帝的暴政和唐中晚期安禄山叛兵与大唐将军在此发生的激战，多少对小商桥产生了一定的破坏，紧接着的黄巢农民义军，以及后来金国与宋的对垒使小商桥饱受了战火洗礼。在小商桥北端复原的古驿站，也进一步说明了小商桥作为当时“国道”的重要性和历史地位。

屹立千年，世界建筑史的奇迹

让人感觉戏剧性的是，名震海内外的小商桥，它的发现却来自偶然。1982 年 6 月，中国科学院自然科学史研究所的李颖霖从一篇介绍宋代名将杨再兴陵墓的文章中，发现小商桥依然存在的线索。中国著名桥梁专家茅以升立刻派袁德熙、胡达和、李颖霖三位专家赴临颍实地调查。考察结束后，三位桥梁专家向茅以升提交了报告：小商桥是隋代石拱桥，年代早于河北赵县的赵州桥。正因为这样，小商桥的发现引起了国内外学术界的瞩目。

1986 年茅以升主编的《中国古桥技术史》一书出版发行，书中专辟一节对小商桥进行了详细的论述，他认为小商桥建于隋朝初期，但现存的桥式是否是创建时的形式，有待进一步考证。但由此可以推知敞肩式圆弧石拱桥在隋代赵州桥以前已有相当的发展。 20 世纪 90 年代曾在小商河故道上下游 800 平方米的范围内进行了挖掘清理，出土了大量的宋代遗物，尤其是刀、枪、箭镞等兵器，证实这里当年确实发生过激烈的战斗。

1992 年元月，国家文物局罗哲文先生考察小商桥，再次确认该桥始建于隋，并盛赞该桥为“世界桥梁史上珍品中的精品”。

那么，小商桥何以能岿然屹立千年呢？省桥梁建筑文化研究中心相关负责人、漯河市建筑学会秘书长刘志杰高级工程师介绍，小商桥始建于隋代开皇四年 (584 年)，宋代大修，元大德年间重修，明正德年间整修，清康熙十四年 (1675 年) 再度整修。现存桥主体结构属北宋建筑风格。小商桥是我国乃至世界上现存最早的圆弧敞肩石拱桥，虽历经千年沧桑，至今仍巍然屹立，对我国的文化考古、科技史、桥梁史的研究等方面均有重要价值。

小商桥之所以能够屹立 1400 余年，主要原因在于它的材料及结构形式上。”漯河职业技术学院建筑工程系主任赵冬梅分析说。

从选材上看，桥身材料选用产于襄县、禹州一带的三叠纪红色石英砂岩，石质致密、坚硬，除个别石料偶有表面风化，绝大多数石质仍坚固如初，这是保证古桥千年不坏的重要物质保证。

桥基础的处理上，更是一个奇迹。在建桥的河床及两岸，布满了打入河底的木桩基础，木桩长 2.5 ～ 3m，间距 0.8 ～ 1.1m，呈梅花桩排列。密排的木桩大大提高了桥墩下的地基承载力。1000 多年过去了，两个桥墩至今仍处在同一个水平线上，不能不说是一个奇迹。

赵冬梅认为，小商桥的结构形式科学合理。小商桥南北长 21.3m，宽 6.45m，高 6.55m。小商桥“结构之独创、修造工程技术之先进、造型之优美”源于它有三个大小不同的拱。主拱净跨 12.14m，矢高 3.06m，南拱净跨 2.85m，北拱净跨 2.78m，由 20 道单券并列修筑而成。小商桥的大拱不是普通的半圆形，而是像一张弓，在相同跨度的情况下，这种小于半圆的拱大大降低了桥梁的高度；小拱垒架于大拱之上，既可以节省石料减轻桥的自重，河水暴涨时还可以增加桥洞的过水量，减轻洪水对桥身的冲击。

同时，拱上加拱，犹如“虹桥卧波”，大拱和小拱相交处还镶有龙头，伸出桥外足有半米，这个刻有龙头的石条长达两米，深深地插入桥身之中，对整个桥的横向起到加固作用。

刘志杰自豪地说，世界公认的石拱桥的杰出代表是赵州桥。小商桥发现之后，成为世界上最早的石拱桥，从时间上说，它比欧洲这种形式的桥早出现了1000多年，并且它的结构科学、造型优美、艺术精湛，堪称世界建筑史上的奇迹。

历史的风在古桥上刮过，留下一片有别于曾经喧嚣繁华的苍凉平静。走在小商桥上，你会发现，它透露出祖先的智慧勤劳且富于创造，也见证了历史的变迁；它承载了一代又一代人追求的脚步，记录了一代又一代人的光荣与梦想。

（作者：齐放，本文原载《漯河晚报》）

走近千年小商桥（下）
——见证英雄不朽传奇

凡是古老的地方必有瑰丽多彩的故事和传说，小商桥因宋代抗金名将岳飞部下杨再兴牺牲于此而闻名遐迩。见证了那场腥风血雨，千年古桥仍然默默地守在那里，仿佛向后人诉说当年英雄的壮举。如今，小商桥已是著名的旅游景区，每天都有来自各地的游客参观这座千年古桥，感悟历史绝韵的沧桑变迁。

小商桥，历史的见证者

小商桥南端西侧，巨大的圆形高台上有一只金色的凤凰雕塑欲展翅高飞。那一份风尘仆仆的历史厚重感，悠悠飘过古老的岁月，来到我们面前。

“这就是凤凰台。古时就建在这里，现在终于重新建设了。”临颍县皇帝庙乡商桥村66岁的村民邢民甫对记者说。生在小商桥旁，长在小商桥边，邢民甫对小商桥有着深深的感情和依恋。从1982年起，从小商桥的保护和开发，到有关故事的挖掘搜集，邢民甫用他的热情和责任成为民间研究小商桥的“土专家”。

有关凤凰台的故事，就是邢民甫查阅许多史料后确证的。《后汉书·光武记》记载：建武十七年，见凤凰于颍川……根据邢民甫搜集的民间传说，在颍川（今临颍）南20里的颍河湾处有一座高台，台上长满了灌木丛与梧桐树，年年有百鸟和凤凰在此飞翔、栖息。时间长了，人们就把这里叫作凤凰台。到了隋朝，隋文帝杨坚为了统一天下，征服南唐陈国，开皇四年就在临颍南颍河（即现在的小商河）上建立一座石桥，地点就设在凤凰台旁的木桥西边，这就是现在的小商桥（又名小溵桥）。

如果说瑰丽多彩的传说反映的是人们的美好愿望，那么，让小商桥名扬天下的，除了茅以升等专家的认定，还与宋代抗金名将岳飞部下杨再兴牺牲于小商桥而闻名遐迩，并因此次郾城大捷而名垂史册。

宋高宗绍兴十年(1140年)五月，金统治者撕毁上一年与南宋订立的和约。完颜宗弼（兀术）调集大军进攻中原，岳飞打算联合义军配合友军，乘胜反攻。绍兴十年六月上旬到七月初，岳飞为了诱惑金军南下决战，遂集结主力于颍昌（现许昌）地区，自率轻骑驻守郾城。

岳飞进驻郾城，正合兀术“并力一战”的心理。七月初八日，兀术亲率1.5万精锐骑兵“铁浮图”“拐子马”突袭郾城。岳飞指挥将士迎敌于郾城北20里处。他首先命令儿子岳云率领背嵬军和游奕马军出战，双方在距郾城北20多里的土垆河与小商桥一线展开激战。杨再兴奋勇当先冲入阵中，欲生擒兀术，骑兵打乱了敌人步兵，又败兀术军，岳飞将军取得了郾城之战的胜利。

为扭转战局，兀术又集中号称12万人的兵力，进占郾城和颍昌之间的临颍，妄图切断岳飞和王贵两军的联系。

七月十三日凌晨，杨再兴等率领300骑兵为前哨，当抵达临颍南的小商桥时，猝然与兀术大军相遇。兀术指挥兵力包抄围掩。尽管众寡悬殊，杨再兴毫无惧色，率骑兵与之英勇作战。激战至下午，由于敌众我寡，杨再兴所部将士个个精疲力竭，箭尽粮绝。愤怒的兀术不仅没有退意，反而加紧对岳家军发动冲锋。在此千钧一发之际，杨再兴为了寻找战机，以待援军。他命百人守住小商桥，自带数骑绕到桥东一箭之地，一马当先向北跃入小商河中，直取金将。岂料小商河水下淤泥深不可测，杨再兴连人带马陷入河中动弹不得。兀术喝令放箭，刹那间，箭如雨注。民族英雄杨再兴将军为国捐躯，300壮士也全部壮烈牺牲。岳飞对杨再兴战死十分痛惜，全军举哀，其忠骨葬于商河北岸，也就是现在的杨再兴陵园。

经查阅相关资料，关于小商桥遭遇战，《宋史》卷368《杨再兴传》记载：兀术愤甚，并力复来，顿兵十二万于临颍，再兴以三百骑遇敌于小商桥，骤与之战，杀两千余人及万户撒八孛堇，千户百人，再兴战死，后获其尸，焚之，得箭镞二升。《宋史》卷29《高宗本纪》也记载：绍兴十年秋七月甲寅，岳飞遣统制杨再兴，王兰等击金人于小商桥，皆战死。

距小商桥不足百米的小商河北岸杨再兴陵园古柏森森，殿堂巍峨，墓冢高大，丰碑树立。当年，岳飞命儿子岳云从小商桥上取青石一块，用杨再兴生前所用长矛刻成了“杨再兴坟墓”五个大字。至今，这块墓碑仍立在将军杨再兴墓前，字迹清晰可见。

在杨再兴牺牲处的小商河南岸，一块巨大的《满江红》石刻矗立在那里，为岳飞亲笔字体。这首《满江红》是岳飞“精忠报国”的誓言，表达了他热爱祖国山河的爱国情怀，表现了他浩然正气的英雄情愫和乐观自信的必胜精神。

为了颂扬抗金英雄杨再兴的爱国精神，中国人民解放军151位将军惠赐墨宝，欣然题词，汇集成如今小商桥景区内的“当代百名将军题词碑廊”。

小商桥景区的华丽转身

如今的小商桥，已完成了华丽转身，成为著名旅游景区，每天都有来自各地的游客参观这座千年的古桥梁，感悟千年历史绝韵的沧桑变迁。

小商桥风景区管委会主任梁占杰说，1986年，小商桥被公布为省级文物保护单位。1994年，国家文物局拨专款进行了大修。2001年，小商桥被国务院批准列入第五批全国重点文物保护单位。2003年3月29日，国家邮政局发行《中国古桥——拱桥》邮票，其中第二枚为小商桥。一个地方的名胜古迹被印制成邮票在全国发行，流通于全世界，意义非同寻常。

2011年10月，我市把开发建设小商桥景区列为重点工程，并于次年5月建成开放。小商桥景区将古桥文化、宋金文化、军事文化、园林文化、科技文化融为一体，打造了一个底蕴深厚的文化博览园。景区有全国重点文物保护单位小商桥、河南省重点文物保护单位杨再兴墓以及岳飞枪刻碑、当代将军碑廊、小校场、凤凰台、古驿站、桥文化馆等景点。

小商桥景区管委会副主任陈继红告诉记者，景区不但历史文化厚重，而且教育色彩浓厚。可以说，它是一处集历史教育、文化教育、爱国主义教育和廉政教育于一体的精神宝库和教育殿堂。作为廉政教育的重要基地和载体，通过参观屹立千年的小商桥、拜谒杨再兴墓，观看《满江红》石刻等，人们会深刻地感受到丰富多样的廉政元素，得到更多的感悟、启发和教育。

截至目前，小商桥景区累计签约旅行社100家，成为豫中南地区颇具吸引力、市场潜力和品牌价值的旅游景区。小商桥旅游区以它丰厚的历史文化底蕴，每年吸引参观人数近10万人次。

（作者：齐放，本文原载《漯河晚报》）

话说“状元桥”

在漯河市“许慎文化园”北侧3.5公里的范寨村，有一座国内闻名的“状元桥”，始建于清朝道光三年（公元1823年），是清朝道光帝钦封，为武状元张从龙家乡范寨村护寨河上修建。该桥看起来貌不惊人，砖石结构，与民间的小桥相比没有什么差别。但是，因其有特殊的人文原因，加之又是清皇帝御赐钦封，状元桥在周边数百里内可谓无人不晓。一百多年来，范寨村的状元文化不仅给张从龙的家乡范寨村带来了丰厚的物质财富，更是在精神上滋养着一代代范寨人。在人们心中，它是一座历史文化丰碑，激励润育一代又一代人奋力拼搏，人才辈出。工、农、兵、学、仕、商，各行各业有所建树人士层出不穷，是当地人的自豪和骄傲。时至今日，范寨村的状元府、状元阁、状元桥香火不断，尤其每年的庙会和农历初一、十五，祭祀人络绎不绝，成为人们精神寄托的殿堂。

一、状元桥的来历

据范寨村《张氏家族谱》记载，张从龙字子云、生于清朝嘉庆二年（公元1797年），卒于同治九年（公元1870年），享年74岁。从龙自幼喜欢玩弄兵器，力量大且喜欢弓马，每日随父读书写字，且又酷爱随父晨练武功，甚得其父宠爱。弱冠入邑武库，拜师野林王公。王系武当山的俗家门徒，集太极、八卦、形意、少林拳于一身，精于骑射，通晓兵法，从龙尽得其传。道光二年中武举，道光三年会试，名列榜首，继经殿试，擢一甲第一，钦点状元及第。

张从龙得中武状元后，回老家祭祖，在祖坟内立旗杆，以示光宗耀祖，流传百世。可是，连立三次均于第二天倒下，从龙向其父询问是何原因，养父无奈才道出了真情。原来，在从龙两岁时因患小儿麻疹重病，医治无效，误认为死亡，夜间家人用谷草将其包住丢在村外护寨河边的一座桥旁，第二天黎明时，养父张允谦（五品），时任兵部司马副指挥，化装成一位背经篓的平民路过此处，隐约听到桥边有小孩的啼哭声，便四处仔细寻找，找到后打开谷草一看，是一个男婴，便抱回家抚养。从龙得知详情后请养父返回原地，根据当时的时间、地点、进行认真查对，经过反复核实，确认是本村张氏家族第二门八世张抡元之子，此时张抡元夫妇已去世多年。从龙得知自己的身世后，便立即率人马回家祭祖。

从龙祭完祖后，在进京封官临行前，派家人留下修建状元阁，整修状元府。据史料记载，武状元张从龙进京后，向道光皇帝如实禀报了自己的苦难身世，祭祖经过和欲将其死而复生的那座桥改名为“状元桥”的打算，道光帝听后深受感动，当即下旨恩准在范寨村护寨河上重修状元桥一座，为褒奖状元的忠心、孝心、诚心。从此状元桥闻名天下。

二、状元文化的特点及作用

（一）状元桥是道光皇帝钦封，在全国的状元文化中是首例，具有较高的文物保护和文化开发价值。

（二）尽忠报国之民族英雄气节值得代代人敬仰。

张从龙得中武状元后，深受道光皇帝器重，以头等侍卫赐乾清门行走。按皇宫的规矩，头等侍卫这个官衔不算多么显赫，但乾清门行走可非同一般，这在满朝文武大臣中可是极高的待遇，可以在皇宫行走自由，紧随皇帝身边，虽然他享有赫赫权势与地位，但他并没有固步自封，坐享荣华，而是始终抱着赤子之心，胸怀大志，常以“男儿当鏖战沙场，方不失为华夏子孙”、“吾之所学，在于强身卫国、健身御敌、九卿碌奉其官，心实不甘”而自勉。后调闽浙沿海驻防。道光十七年（公元1837年）闽浙大举阅兵，其行阵严明，训练娴熟，阵容军纪均冠三军。道光二十年（公元1840年）任林则徐副将，在林则徐、邓延桢的统帅下，屡建战功，荣升台州副将（从二品），为禁烟抗法之民族英雄，值得代代人敬仰。

（三）孝敬父母的孝道思想，值得后人学习效仿。

张从龙率兵回到老家后，办的第一件事就是在父母安息的坟地举行隆重的祭祀活动，至今在村内还流传很多传奇故事。一是当张从龙看到自己亲生父母坟墓，便放声大哭，悲痛欲绝的他双膝“噗通”下跪，随着武状元的双膝跪地，坟前慢慢陷下去一个大坑，在场的人无不感到惊讶。据村中老人分析：出现这种现象首先是父母显灵，以坟前陷坑，表示父母在天之灵伸手怀抱亲生儿子。其次是武状元力大无穷，悲痛之中恨自己无缘与父母相见，悲愤交加，下跪时力量巨大，加上当时的土地比较松软。三是其父母的棺材可能埋在一个古墓上，因为当时的张氏家族陵园已有300多年的历史。陵园面积仅有20余亩，此时进入不再受辈分的制约，见到有片空地便可下葬，这就应了风水学中棺上加棺（官上加官）的说法，不然他中不了武状元。四是祭完祖后，天空骤然电闪雷鸣，顷刻间下了一场大雨，村内有一位农妇被雷击。村民们说这是状元的孝心感动了上天，人孝不孝顺上天知道，不孝顺就会遭“龙抓”。这种简单的伦理和说教影响至今，张氏家族后人谁也不敢虐待老人，形成了尊老敬老的淳朴家风。五是祭完祖后，状元便在家中住下，觉得亲生父母就在身边，伴随着自己在院中走动，仿佛看到父亲在厨房中烧火，母亲在为自己做可口的饭菜，晚上慈母坐在灯下为自己缝补衣服，父亲在一旁端详着自己的儿子，心中更不是滋味，于是坐下来奋笔疾书，写下了“椿萱并茂”和“宜萱堂”两幅匾文，令家人做成两块门匾，悬挂在自家的大门二门上方，以示对父母的报恩和怀念。“椿”是慈父代称，“萱”是慈母代称，“宜萱堂”是慈母居住的地方。寓意深刻，感人肺腑，令人肃然起敬。六是在离家进京赴任前，状元与家里人商议，决定让山西来的几位家人留下，重新整修状元府。在他家门前的十字街口建状元阁一座，并含泪建议家族的长者，将自己死而复生的那座小桥改名为状元桥。

（四）位居高官，时刻不忘回报乡邻。

武状元张从龙为范寨村留下的状元府、状元阁、状元桥、从武门、状元路等文化遗产，形成了一套完整的状元文化体系。状元文化的兴起，带动了范寨村经济的快速提升，搭建了一座山西、河南两地经济贸易和友好往来的桥梁，树起了一座历史文化丰碑。在状元文化的驱动下，当时全村人口不足千人，但耕地面积有近千顷，西平县老王坡的耕地近一半是范寨村的。马车72架，跑马路的骡马交易市场正兴盛于这个时期：沙河水旱码头停泊有村内的三十六艘货船，通江达海，为村内带来巨大的财富，成为富甲一方的村庄。村里人把生意做到了山西，在贸易往来中，村里经常有人到状元家拜访，状元家除了盛情款待，离开时还派兵马护送出山西界，保证沿途货物和人员的安全。特别是在清朝同治年间，由十三个村庄出资在村外四周修筑一座近4公里的寨墙，当工程接近尾声时，经费出现了困难。为保证顺利施工，村里人商议到状元家借钱，如果武状元出资支持，今后寨墙修好后，对着状元阁、状元桥的西北门命名时，取状元名字的一个字，以流传百世。村里人商议好后，派代表来到山西状元家中，此时武状元已告老还乡，看到老家人，格外亲切，知道来意后，状元二话没说，尽己所能，缺多少给多少，解了修寨的燃眉之急，使寨墙于清同治八年顺利竣工。为不忘状元的功德，村民将西北门取名为“从武门”，并题有寨门铭记，铭记曰：“从武门：居寨内西、南北街之北。因村中习武者众多，且古有武举人，近有武状元，又则，筑寨之初武状元张从龙捐银颇厚，为使后人不忘状元之功德，故取名‘从武门’。意在励吾子孙后代，铭记从龙‘男儿当鏖战沙场，方不失为华夏子孙’之遗训，勤奋好学，强身健体，保家卫国，成国家之栋梁。”最后，村民将没有用完的资金从状元府、状元阁至从武门铺了近300米长的红石板路面，取名状元路。

（五）随着状元桥的闻名，在村内逐渐形成多种颇具特色的民俗文化。

因为后人知道武状元在状元桥死而复生，状元桥又是皇帝钦封，村民都想沾状元桥灵气的心理应运而生，村内的习武之风也延续至今。据村中老年人讲，在清朝中后期，社会比较混乱，村民自发组织的“红枪会”在周边很有名气，经常组织到召陵、邓襄、“河上街”比武，身怀武术绝技的人辈辈都有几个。几十前前，每逢夏季的打麦场上，到了晚上随处都可以看到老人教小孩打拳的场景，村里的大人小孩都会两式防身护身的武艺，是典型的武术之乡。又如在状元桥上“认干亲的故事”以及在状元桥上“喜相送”等民俗，别有一番风趣和文化内涵。状元桥上认干亲有两种方式：一是村民为让自家小孩能成人成才，直接让小孩认状元桥为干亲，前三年的农历腊月二十三，全家人到状元桥烧纸祭灶；二是以状元桥为联络点，双方在状元桥上举行丢小孩捡状元的仪式。当地曾流传“一升粮食一个篮，捡个状元换回孩”的说法。正是状元桥认干亲具体程序的真实写照。在二十世纪六七十年代，村里年轻人兴起当兵热，每年的应征入伍青年，村里会套上马车，披红戴花，敲锣打鼓为他们送行，送到状元桥上反复叮嘱他们一定以状元为榜样，干出个武状元回来，为家乡人争光，其场面动人又有寓意。

三、状元文化遗址现状及思考

状元文化遗存的现状：由于受战争和其他原因的影响，目前范寨村的状元文化遗址所剩无几，令人感到惋惜。状元阁在1950年被拆除，近几年经过挖掘，找到了状元阁的门墩，石墩和一块石雕壁画；状元府的两道大门解放初被拆除，两幅门匾`损坏丢失，原来的楼房已被后人翻新，庆幸的是翻新后楼房基本保持了原貌，房屋的材料、楼梯、楼板、门窗还是原物。由于长时间无人入住，室内还尚存有大量的家具和生产生活用品，看来破烂不堪，但很有价值。状元桥因六十年代大兴水利建设，原来的桥有些小，影响枯河道的排涝泄洪进行扩建，改建后的桥体比较坚固，保存完好；状元路在1958年拆除，现在还可看到散落在村民家中的数块红石板。武状元张从龙后人的家谱，经过整理，现已收录新修的《张氏家族谱》中，得到保护和传承。

状元文化在我国已有几千年的文化发展历

史，它不仅是一种实行科举制度的文化现象，又是人们长期关注向往的一种文化激励机制，直至今日，仍有巨大的生命力。范寨村的状元文化，集中体现出一种攻坚克难、自强不息的精神，挑战自我、勇于创新的品质，追求卓越、敢于领先的气度以及尊老孝贤、为人楷模的高尚品德，值得认真研究和传承发扬。

近几年，经过社会各界的共同努力，范寨村的状元文化成了人们茶余饭后谈论的热门话题，成为市民和周边学生、家长游览的景点，每日成群结队的参观者络绎不绝，尤其是春季的庙会和节假日，成为学生、家长体验状元文化，游览田园美景的好去处，这一自发的旅游市场呈现出蓄势待发的局势。在当地政府的关注和扶持下，范寨村先后获得“漯河市民俗风情文化村”“河南省乡村旅游特色村”“河南省传统村落”等称号，“中国传统村落”已上报待批。

美国学者波特说过：基于文化的优势是最根本的，最难替代和模仿的、最持久的竞争优势。那么，如何弘扬状元文化，笔者谈些粗浅的认识和思考：一是状元桥为何有如此大的生命力，尤其是在老百姓的心目中留下深刻的烙印，这一文化现象给研究状元文化带来信心和动力。文化之根深深蕴藏于人民群众的沃土之中，大众的向往，百姓的向往，是研究状元文化的方向。看起来这些乡土文化好像土得掉渣，殊不知里面蕴藏着丰富的文化之金，审视物质从其独特性、偶然性和大众性去思考，去挖掘整理。因此，研究状元文化这一课题，具有得天独厚的文化优势，开发拓宽的空间较大，其生命力会随着社会的发展而越来越强大。二是如何让范寨村的状元文化，转化为生产力，转化为带领村民致富奔小康的经济之源，转化为当地社会新的经济增长点。把这篇文章做好，功在当代，利在千秋。全国各地利用状元文化，发展旅游经济，引领一方经济快速稳定发展，有很多成功经验。安徽省黄山市休宁县的做法，有较强的说服力。实践告诉我们：昨天的文化是今天的经济，是明天经济发展的基石。年年蓄势待发，是取之不竭，用之不尽的经济发展之源。由此不难看出，研究状元文化是多么大有作为，任重而道远。

（作者：张晓贺　中国人民解放军某部队军官）

状元桥：昔日辉煌已不再

状元桥位于召陵区姬石镇范寨村西北方200m的护寨河上，长约30m，宽5m，是一座只有一个孔的石桥。清朝嘉庆年间，一个被误认为死亡的孩子被丢在这座小桥下，谁知这个孩子并没有死，他被养父捡回并悉心培养，后来成了武状元。这座与状元生命息息相关的桥，就是如今的状元桥。状元桥建于清朝道光三年，是当时的朝廷出资为钦点状元张从龙家乡修建的护寨河跨河桥，虽欠宏伟，但确实是古代漯河人才辈出的见证。

武状元在这座桥下死而复生

提起状元桥，不得不提一个人，他就是生于清朝嘉庆二年的武状元张从龙。张从龙出生在范寨村张氏家族第二门八世张抡元家中，他一两岁时得了小儿麻疹，这在当时是重病。当时的郎中没有将他治好，家人误认为他已经死了。于是，就用秆草（谷草）把他包住，丢在村边护寨河的一座桥旁。

第二天黎明前，时任兵部司马副指挥的张允谦装扮成一位平民正巧路过这里，隐约听到有小孩的啼哭声，张允谦便仔细寻找，找到后打开谷草一看，原来是一个男婴，张允谦便将其抱回家抚养。

张从龙自幼喜欢玩弄兵器，他力量大，并且喜欢弓马。每天都会随养父读书写字，又酷爱随养父晨练武功，养父非常宠爱他。张从龙弱冠入邑武库，拜师野林王公，成为王系武当山的俗家门徒，集太极、八卦、形意、少林拳于一身，精于骑射，通晓兵法。

道光二年，张从龙中武举。道光三年会试，他名列榜首，继经殿试，擢一甲第一，钦占状元及第，张从龙深受道光帝器重，以头等侍卫赐乾清门行走。

道光二十年，张从龙任林则徐副将，在林则徐的统帅下，屡建战功，荣升台州副将（从二品），为禁烟抗法之民族英雄。

张从龙在中状元之前一直不知道张允谦不是自己的亲生父亲。范寨村祖辈传下来的说法是，张从龙中武状元后，回张允谦老家夸官，在祖墓内立旗杆，以示光宗耀祖。可是，怎么立就是立不起来。张从龙怀疑其中必有缘故，向张允谦询问是什么原因，张允谦无奈才道出他的苦难身世。按照清朝的清规戒律，此事一旦传扬出去是欺君之罪。养父急忙又回到捡张从龙的范寨村，根据当时的时间、地点、小孩的年龄等特征认真查找，经反复核实确认为范寨村张抡元之子。此时，张抡元夫妇已去世多年，次子13岁夭折，张从龙得知自己的祖籍后，立即率人马回家祭祖。

后来，清朝皇帝得知这个故事，非但没有降罪于张从龙，还在清朝道光三年，由朝廷出资为钦点状元张从龙家乡范寨村修建了这座护寨河跨河桥。

后人在桥上认干亲

“原来，武状元是俺村人！”清朝道光年间，得知这个消息后，范寨整个村子都沸腾了。武状元张从龙不仅在该桥死而复生，还认了养父，最后成为赫赫有名的民族英雄。这个真实的故事，在范寨村传为佳话。

新中国成立前，村民们就利用状元桥，效仿其曾经的经历认干亲，渐渐成为当地的风俗。在范寨村，认干亲并不是一件随便的事情，还有相关的程序和礼仪风俗。

当时，还是孩子的村民张洲勋就亲眼看到认干亲的过程。张洲勋介绍说，如果有农户的小孩出生满月后，全家人会坐在一起讨论是否为小孩认干亲。对象物色好以后，找一个中间人和对方商量，征得双方同意后，再选一个吉利的日子，确定好“扔”小孩“捡”状元的时间、地点和联络暗号。在某一天晚上人少的时候，三方相约来到状元桥上，婴儿的父亲或母亲将小孩包好，用一根红布绳捆在中间，背后插几根秆草（谷草），将小孩放在地上，而后迅速离开，中间人一般以击掌或咳嗽两声为暗号，干娘迅速来到跟前把小孩抱回家，认干亲的两方不能见面。

为什么要这样做呢？张洲勋认为这样做的道理有两层：第一，武状元当年被扔的时候就是被秆草包着，而且他没有被野狗吃掉，所以后来认干亲的小孩背后都有几根秆草，代表小孩健康长大成人。第二，武状元张从龙就是在这座桥上被扔掉又被捡起，而后成为状元，所以乡亲们这样做迎合了双方望子成龙的心愿，干娘家捡到一个状元，今后的日子充满吉利和希望。

张洲勋介绍说，小孩被干娘抱回家以后，干娘将事先准备好的长命锁挂在小孩的脖子上，一般的农户将几个铜钱用红线穿住，第一年的铜钱数量不定，可多可少，小孩每添一岁再加一个铜钱，一直加到满三年祭灶完毕。此时，中间人带小孩的亲生父或母，挎一篮子，里面放一升粮食，进院子边走边撒，口中念念有词，愿小孩在干娘家生根、开花、结果。进屋后主人已备好酒菜，答谢中间人的操心劳苦，认干亲的程序基本结束。“小时候，我有四个干弟，都是按这个程序办的。”张洲勋这样讲述道。

村里盛行参军　状元桥上喜送行

范寨村出了一名武状元，状元的武术精神对后人的影响很大，村里盛行练武和打拳。清朝中后期，村里成立了一个红枪会，许多人耍枪打拳，而且还与附近村庄互相比武会友。

今年96岁的张德根老人，精神依然矍铄，平时没事的时候还能比画两下武术动作。“我从小跟村里人练武，那时候师傅很严格，稍微偷懒，就得挨罚。”张德根老人说。

当张德根学成武术后，就开始教村里的孩子。“那时候虽然生活很苦，但是我们还是抽空就练上几招。”村里的孩子普遍都喜欢练武，张德根就负责教大家。

武状元的精神风采成为村里男儿的学习榜样，在二十世纪六七十年代，范寨村兴起当兵热，那些喜欢练武的热血青年，各个想成为一名光荣的解放军战士。

“每年都有五六名青年去参军，要为国家建功立业。”张洲勋说，而且每次村里要欢送新兵的时候，都是在状元桥上敲锣打鼓举行仪式，非常热闹。1972年，张洲勋也光荣参军了。他戴着大红花，村里的老老少少都聚集在状元桥上敲锣打鼓送行。他和一起参军的同乡坐在马车里，向大家挥手告别。青年外出参军，不仅是个人或是一家人的光荣，同时也传承着武状元的精神。

状元桥现状令人惋惜

以前，范寨村的护寨河里水多，可以撑船。由于护寨河是一条泄洪河，每当雨季需要泄洪的时候，水位上涨，而原来的状元桥有些低，不能满足当时泄洪需要。1968年，村里将状元桥进行重新扩建。

“当时，还专门请村里有名的泥水匠张素彦修建，其他人有的运土，有的搬砖。”扩建的桥大多还是采用原桥的青砖，状元桥扩建工程一直持续了近一年。扩建完成后，桥比原来抬高了两米左右，比原来宽了约一米。

如今，护寨河已经干涸，随着经济的发展，状元桥的作用日益减小，村民在河道里种起了庄稼。

近日，笔者来到状元桥，当向一位村民打听到状元桥怎么走时，那位村民指明方向后说：“你们要去状元桥？状元‘壮’得很呐！”路上，笔者想那位村民口中的这个“壮”是什么意思？到了状元桥，看到眼前的情景，记者立即明白了。由于没有受到保护，桥下堆满了动物粪便和家畜尸体，阵阵恶臭扑鼻而来，桥面上也有很多垃圾……这样一座承载着状元精神和范寨村辉煌历史的状元桥，如今成了这副模样，的确令人惋惜！

（作者：王艳彬，本文原载《漯河晚报》）

汪庄石轴柱桥：小家碧玉人未识

在郾城区裴城镇汪庄村西北边的运粮河上，有一座红色石桥。它没有瑰丽的身姿，也没有华丽的造型，它宛如小家碧玉一般静静地横跨在河道之上，无声地为过往的路人讲述着它的故事。

小桥桥墩雕龙头

过裴城镇汪庄村的村公路向西，再往北绕过绿油油的麦田，一座红色的石桥跃然眼前。桥很小，高不过两米左右，全长不足20米，桥面宽近两米，11个桥孔让小桥多了一份特别的韵味，而由多组石磙叠砌而成的几个桥墩则为这座名不见经传的小桥增添了一抹古朴的味道。自东向西用四十五块红色条石架在桥墩之上构成了整个桥面，这就是小桥呈现给世人的全部内容。

如果说低调简单、安详宁静就是这座小桥的性格，那桥墩上雕着的龙头似乎又给这座小桥增添了一份神秘和霸气。只见在小桥的南侧偏东的一个桥墩上雕着一个硕大的龙头，可以清楚地分辨出龙的眼睛、鼻子和牙齿，龙眼炯炯有神，凝视着河流的上游。

龙口大张着朝向南方，一副不怒自威的表情，栩栩如生。在距离这个龙头不远的桥洞下，另一个龙头躺在河道的杂草中，它究竟在这里躺了多久？没有人能说得上来，但从该龙头上方一个桥墩的破损处可以看出，这个龙头原本应该镶嵌在桥墩之上。

威猛的龙头也掩饰不住小桥的落寞，记者在小桥周围转了一圈，发现小桥的桥墩上一些地方已经破损，桥面上的红条石也有几块发生了错位或断裂，桥下的运粮河早已成了一片平川，一些附近的村民于是将这里变成了粮田，小桥也失去了它本身存在的真正意义。

没有石碑、没有文字，桥是什么时候建的已经无从考证，但单看桥的磨损程度就知道这座桥的历史悠久。记者从河南省古建专家的鉴定结论中了解到，这是一座明代时期中原地区十分流行的桥梁类型，具有典型的地域特征。2010年，该桥被郾城区人民政府公布为第一批区级重点文物保护单位。

小桥上也曾车来车往

桥的东南方向是汪庄。在这个小村里没有外姓，就连村头的小桥也“跟”了村民们的姓，被他们亲切地称作“汪庄桥”。在村民们关于桥的只言片语中，小桥的形象也渐渐变得鲜活生动起来。

“看看这石头上的凹槽，应该是古代的车轮碾压出来的痕迹，可见这座桥的历史不会短。”听说记者要去了解小桥的故事，27岁的村民汪延召主动请缨，当起了向导，指着桥面上一块块红条石上的痕迹说道。

从一些村民的介绍中了解到，汪庄村西边与临颍交界，而旧时小桥所在的位置其实正是郾城通往襄县的必经之路，东西来往也算热闹，而如今新修了公路，小桥也就变得少有人问津了。偶尔有几个骑电动车的人从此经过，也不过是到地里看看庄稼或是到相邻的村串亲戚。看来，旧时车辚辚、马萧萧的大队人马从桥上通过的场景也只能靠我们的想象了。

“看，我们小时候在这画的棋盘还在呢。”

循着汪延召所指的方向看过去，几个方格棋盘的印迹依然清晰可见，这也勾起了专属于汪延召的小桥记忆。他告诉笔者，小时候总是和小伙伴到桥上玩，起初桥上没有这些棋盘，后来不知道哪个小伙伴先画了一个，后来大家也就跟着效仿。“桥面很硬，大家都是用石头画了一遍又一遍，终于画出了这些棋盘，白天一放学我们就来这边下棋玩。”汪延召说，“我记得那时候的河水已经不多，只有每年秋天时候才能见到一点，我们就在这里趟水玩。”村民汪红友今年68岁，是村上的一名老教师。他介绍说，桥下流淌的河叫运粮河，顾名思义，是运输粮食时走的河道。据说在附近的城高村古时候住着一个王，从汪庄村经过的这些粮食要运到他所在的城里。估计是碰到了灾荒年代，附近几个村里的人都没了吃的，汪庄村几个仁人志士为了附近百姓的生计被逼无奈截皇粮。

说起村子的故事，汪红友讲得绘声绘色。虽然村民们都很清楚这是个传说，但这样的故事还是一代代流传了下来，但凡有外地人来到汪庄桥上，村民们还是会热情地讲述这段故事。

村民希望小桥能保护起来

桥墩上的龙头雕刻是这座小桥最引人注目的地方，而桥上为什么会有这种雕刻？不少村民表示，这其实并非单纯为了好看，而是有讲究的。据村民们介绍，桥上的龙头面向河的上游，也就是水流来的方向。主要是因为以前农村人迷信，认为龙能吸水，桥上雕龙头能把水吸走，村里也就不会发洪水了。

“其实现在桥下那个龙头原来也是在桥上的，那个龙头更靠东边一点，龙嘴前方正对着一个小村庄，这里面还有一些故事。”49岁的村民汪天德说。据他介绍，其实在他小时候两个龙头都在，但不知道从什么时候开始，东边龙头对着的那个小村里经常发生一些怪事。于是，有人就认为龙头与村庄犯冲，后来几个胆大的村民到桥上砸了龙头。

“当时人们都没有保护桥的意识，现在想想真可惜，好好的一座古桥就这样被破坏了。”说起龙头的毁损，汪天德深感惋惜。和汪天德有着同样感受的还有27岁的汪延召。“前几年还有一些村民在桥附近烧玉米秆，这石头桥哪能禁得住火烧啊，这样几次之后，桥上的一些红条石也开始断裂。”汪延召告诉记者，平时他特别喜欢研究一些历史文物方面的东西，从小在村里长大，所以村头的桥对他来说意义非凡，他最不愿意看到的就是这个小桥遭到破坏。

“这个小桥跟我们村有着千丝万缕的联系，里面蕴含着很多村里的故事。如果现在不好好保护起来，将来村里的孩子们想要了解桥的故事估计 只能通过传说了。”汪延召说。

如今的小桥早已不再是曾经的交通要道，它却仍然在给南来北往的村民们提供着方便。值得庆幸的是，如今这座小桥已经被文物部门纳入了保护规划，而村民汪天德成了这座桥的义务保护员，每天到小桥上转转，防止一些人对小桥进行破坏。或许将来有一天，小桥会成为附近的一个景点，以另外一种更加美好的姿态存在。

（作者：王海防　王璐　陈金旭，本文原载《漯河晚报》）

洄河桥：串起千年繁华

有河流淌的地方，就会有桥。因此，一在沙澧河环绕的漯河，桥的出现再自然不过。无论是飞架在沙澧河两岸设计精美的现代桥梁，还是屹立在乡间水流之上名不见经传的古老小桥，在漯河，桥不单单是风景，更是人们生活中不可或缺的一部分。

在首批中国传统古村落郾城区裴城镇裴城村，有一座洄河石拱桥。这座始建于宋代的石拱桥不仅为村子添了一份古朴的色彩，还默默地为如今的人们提供着便捷的交通。

沉淀千年故事

提起漯河的古桥，大多数人首先会想到远近闻名的隋代小商桥。其实，如果深入了解一下漯河的桥梁故事就会知道，在郾城区裴城镇裴城村小洄河之上，有一座洄河石拱桥也已经沉淀了近千年的故事。

日前，在裴城村村西头，记者见到了这座单孔石桥。这座由红色砂岩砌筑的小桥，东西长不过八九米，南北宽六米多，桥面上由青色石板铺砌。它的外观并不似小商桥那样造型精美，更多的是朴实和厚重。

这座小桥之所以与众不同，村民们说，全都是因为桥底石礅上的几个字。为了一探究竟，笔者下到桥底。只见桥下的小河早已改道，桥洞下长满了杂草。在桥底西南侧的一块石礅上依稀可以看到一些字迹——政和三年三月道者王守坚。

“从这几个字的笔记以及流传下来的传统习惯来看，所谓的‘道者’，可能就是修建者，而这个题记可能就是建桥人所刻。”村里人79岁的退休老教师彭海欣告诉笔者。据了解，像洄河桥一样有确切纪年的桥梁在我国并不多见，在桥梁建筑史上非常珍贵，这个题记的发现恰恰为研究中国桥梁史提供了确切依据。2004年7月9日的《人民日报·海外版》第二版，以“河南郾城发现的北宋古桥”为题，曾对洄河桥的发现进行了较为详细的报道。

水击条石传四方

在裴城村打听洄河石拱桥，几乎每个村民都能说出一两个与这座小桥有关的故事，不过在他们看来，洄河石拱桥的名字不如“响水桥”来得亲切。而之所以叫“响水桥”，其实是有一番来历的。据村民们讲，以前河底凹处铺了一段两米多长的条石，水从石桥下流到北头，正好落在条石上，由于落差较大，便会发出“嗒嗒”的响声，每到夏季雨水多时，水击条石声传得很远。

近千年的光阴从桥上略过，桥两边的风景换了一茬又一茬，而村民们有关“响水桥”的记忆却仍然历久弥新。“记得我小时经常从桥上经过，那时候河水清澈见底，游鱼可数，夏天时候的响声能传得很远，大家常说这水声十里之外都能听见。”60多岁的村民黎金娥说。“不过现在那块条石早就找不到了，这响水桥的水声也就再也听不到了。”

小桥流淌光阴故事

有人说，建筑比人类长情，因为它本身就是时间，是历史，是一代又一代人绵延不息的记忆。在村民的记忆中，洄河桥不够华美也不够壮丽，但这座小桥却帮他们联系上了外面的大千世界。

在小桥所在的十字街两侧，耸立着很多古宅，其实，洄河桥所在的裴城镇是一座历史名镇，史称洄曲镇。而洄河桥恰好处于当时的官道之上，当时的人们从洛阳到安徽、江苏都要途径这里，因此当年的洄河桥南北两街也曾是商贾繁荣，热闹非凡。

“小时候很多客商从我们村经过，有的拉东西太多上不去桥，我们一些学生就经常在‘响水桥’上学雷锋，帮他们推车。”一些村民回忆说。村子里的人让外来的客商感受到了他们的朴实善良，而反过来，这些外来客也为小村的繁荣画上浓墨重彩的一笔。

“据说当时街两边，商店、驿站依次排开，光是驿站就有30多家，每天车水马龙，川流不息，热闹得很。”村民彭伟涛这样描述往昔的繁华景象。而今年40多岁的村民彭松涛的爷爷奶奶曾经就在这里开了一家饭店。“听我奶奶说，那时候家里的饭店上下两层，楼下吃饭，楼上住宿，家里的招牌饭炸酱面每天都供不应求，几乎每天都要杀一头猪。”彭松涛说。

“外面来的商人经常带来一些新奇好玩的东西，不仅让我们开了眼界，也让村上的人变得更有经济头脑。”村民黎金娥自豪地说，“只要我们村有集市，周围村子的人都过来买东西。就连现在镇上做生意的人，也大都是我们的人。”

小桥连起新的希望

如今，随着曾经的官道渐渐失去作用，裴城村也逐渐褪去了往昔的繁华，洄河桥上没有了往日的车来车往，成了村子里连接东西两头的一个普普通通的小桥。即使是桥头孩子们的嬉闹声也掩饰不住小桥的落寞，偶有村民从上面经过，也往往行色匆匆，很少会有人停下来往桥下看一眼。

“之前裴城村的兴旺是因为‘响水桥’连着的官道，交通便利。现在村子的衰落也是因为交通。”说起村子现在的发展情况，村民彭国勋难掩失落之情。

据一些村民介绍，新中国成立之后，村子里本来可以有几次发展的机遇，但都因为种种原因与之失之交臂。原本的交通优势没有了，村民们做生意只好跑到其他村子，原本繁华的十字街道如今也显得有些萧条，现在村里很多人都在镇上买了房子。“裴城村一次次错过了机会，下次机会也不知道是什么时候了。”彭国勋告诉记者。

站在洄河桥上，记者看到，桥东侧是衰败破落的旧房老舍，而在桥西头则是村里的小学，从学校里传出孩子们的读书声似乎又给村子带来了新的希望。

（作者：王海防，本文原载《漯河晚报》）

洄溮河上古石桥

在沱沟村南侧，有一条早已干枯的河道，它就是洄溮河，如今当地人称之为枯河。据史料记载，洄溮河在古代是条运河，唐代名洄溮河，后因河道干枯名枯河。洄溮河是连接汝水和泥河的水道，从古代发展水上运输这一点来看，是功不可没的。河南“75.8”大洪水，这条河对拦洪泄洪起到了巨大作用。

洄溮河的干枯始于元代。原因是洄溮河河

沙淤积，年久失修，河床逐渐抬高，成为地上河。加之弯道过多，逢汛期行洪较慢，汝水暴涨的时候，漫堤现象十分严重，沿河流域百姓深受水害之苦。又因不断发展的陆路交通，人们逐渐意识到这条河水患之弊已大于运河之利。到了元至正年间，洄湓河从汝水流出地改道入沙颍河。若干年后，此河便慢慢枯干。

如今，在沱沟村东南隅的这条古河道上，一座石桥历经风雨沧桑，依然顽强地屹立在河道上。据现在保存完好的一通建桥石碑记载，此桥建于清道光七年，叫刘家桥。

这座三孔石桥，下用石磙做桥墩，上面用巨大的石条做桥板，结构紧凑，坚固异常。桥面平整，上面还保留着古代车轮碾压的痕迹。现在，石桥依然能通行行人和车辆，不过由于道路废弃，年代久远，很少有人从此经过。此桥原来两边有石栏、石柱、雕刻等，在“文革”“破四旧”时被砸掉，埋入河床内。桥两端的引桥上，一些石磙和桥板已坍塌，散落在河道内，可以看出，石桥少有人问津，缺乏保护和修缮。

刘恒业说，据考证，这里曾经是官道，这座石桥是当时官道的必经之地。沱沟村交通位置非常重要，自古以来就是兵家必经之地。

战国时，沱沟是楚国的北部边缘，它三面环水，魏晋隋唐时期的古运粮河在此经过，溯河而上可西达郾城、舞阳、叶县等地；向南有渡口，古称“沱口”，直达上蔡（古蔡国）、西平（古棠国）等；向北可到召陵、郾城（古均为县）。在《魏书·卷八·世宗纪》中记载：北魏宣武帝永平元年（508年）冬十月，悬瓠城民白早生率众杀死豫州刺史司马悦，占领悬瓠城。北魏急派尚书邢峦羽林精骑前往剿灭。白派人将胡孝智率众7000，去城200里，与魏军战于鲍口（郾城东南之沱口，今称沱沟），被击败。《清史稿》记载：大溵河东南歧为洄湓河，经沱口镇、五沟营，其故渠自西平入左合淤泥河，来会入上蔡。

“沱沟处于水陆交通的主要枢纽，古代在此建有这一带规模最大寺院、庙宇，供人朝拜。”刘恒业说，沱沟村南与西平县五沟营镇毗邻，西与一望无际的老王坡相连。沱沟村历史悠久，清代以前称“沱口镇”，为中州历史名镇之一。沱沟的历史文化达5000年以上。在沱沟村东北角有原始社会末期古人类活动遗址，夏商古墓群、夏商村落遗址，东南有龙王庙遗址，西南有三官庙遗址，在村西北有魏晋时期的金钟寺，唐宋时期改名为明禧寺，明清时又改名为普济寺，为当时中原地区有名的寺院。相传这座寺院是唐朝皇帝御批的，寺中有唐朝重臣“敬德督工”碑，新中国成立后仍存在。所建之砖塔，高九层，为当时全国名塔之一。民国时期中原混战，寺院渐废，只留一高大的砖塔，在“文革”中被拆掉。现在，在沱沟村及周边村中仍有保存完好的塔砖20余万块。

（作者：齐放，本文原载《漯河晚报》）

《中国古桥——拱桥·小商桥》邮票首发纪念封

小商桥位于漯河临颍县城南10公里处，坐落于郾城、临颍二县交界处小溵河（即颍水支流，又名小商河）上。一桥连两寨，即商桥南寨、北寨。南为郾城，北属临颍。该桥始建于隋开皇四年（公元 584 年），并于元朝大德年间、延祐年间和清康熙十四年（公元 1675 年）重修。自唐宋以来就是南接蔡州（上蔡）、北达颍昌府（许昌）的交通要道。

小商桥为单拱敞肩石桥。长 21.3 米、宽 6.45 米、净跨 12.14 米。通体雕饰花纹，图案多样。

通关全貌，小商桥结构匀称，石板雕刻古朴典雅。规模虽不及赵州桥，但桥形结构类同，拱券相近，实为我国古代建桥工匠的杰作，1982 年 9 月，我国桥梁专家茅以升派一考察组对该桥进行了实地考究，初步认为此桥早于赵州桥，它为研究我国古代桥梁及交通史提供了重要实物材料。

经国家邮政局批准在漯河市举办《中国古桥——拱桥》邮票首发式活动。特发行此封，以资纪念。如图 5-15、图 5-16 所示。

图 5-15　《中国古桥——拱桥 • 小商桥》邮票首发纪念封

图 5-16　《中国古桥——拱桥 • 小商桥》邮票

第三节

桥梁设计构思

漯河泰山路沙河大桥设计构思

1995 年 9 月 29 日，一座新颖别致、轻巧美观的大桥展现在内陆特区——漯河沙河上空。入夜，别具匠心的灯光布置，使得整座大桥掩映在彩色缤纷之中，这是一座艺术处理十分到位的桥梁，符合桥梁安全、经济美观的原则，同时体现了公共建筑物的特色。

1994 年 8 月在栾川九龙山召开的全省交通科技工作会议上，代表们畅谈河南省交通科技工作的成就与发展方向。在谈到桥梁工程时，许多发言者都希望在设计上突破惯常的板式桥、梁式桥模式的单调，开发一些新型的大跨度结构、重振河南省桥梁业在早些年新桥型开发上处于全国领先的地位。至少，设计多样化，特别是一些地理位置显要之处，或城市桥，以增进当地的景观特色。

省交通厅张圣城副厅长在 1989 年全省公路 GBM 工程工作会议上曾讲到：“现代公路不仅仅是承担交通运输的建筑物，而且要给予过往者以美的享受。”

漯河市泰山路沙河大桥的设计指导思想就是这样确立的，其主要特色是：

一、方案设计

泰山路沙河大桥位于漯河市中心，连接沙北新区与沙南老城。是承担城市交通客货车行驶与行人往来的城市桥梁。市领导对设计方案除安全可靠技术满足功能标准外，还提出了“特”“美”“快”“省”四个要求。几经反复，最后选定了目前建成的这个方案：三孔中承式钢筋混凝土系杆拱桥，基本上达到了市领导的要求。

特：此种桥型是我国传统的拱桥与欧美现代建筑风格相结合，单跨长度 100m。

美：新颖、优美、明快、流畅的结构加以艺术装饰，各种灯光反射相映，犹如人造长虹。

快：本桥构件大量采用预制拼装，各道工序穿插施工，从 1994 年 9 月 29 日开工，至 1995 年 9 月 29 日落成，为时一年整。

省：此桥主受力构件为钢筋混凝土，全长 320m，宽 16m，桥梁造价（不含引道）为 760 万元，每延米合 2.38 万元，全桥三大主材用量为：钢筋 320t，水泥 2400t，木材 680m^3。

二、结构设计

大桥主体由三孔 100m 跨的中承式吊杆拱组成。拱脚与桥墩及承台浇注成一体。拱矢度 1/5，拱轴线为悬链线。

拱肋分段为实、空腹箱式变截面钢筋混凝土；吊杆为内设钢筋、外套钢管、用水泥砂浆压注连成一体的钢拉杆。吊杆在拱肋竖平面的平行布置。桥面以下的传力构件为钢筋混凝土立柱。桥面系纵横梁组合采用预制与现浇相结合，拱肋上部设横系梁，以增加横向刚度。

基础由承台和基桩组成，主墩基础每侧设置五根，排列为梅花形的钢筋混凝土钻孔灌注桩。

该桥的设计荷载为汽 -15，挂 -80，人群 3.5kN/m^2；桥面纵坡 0.5%，横坡 1.5%；每片拱肋分成九段预制拼装，再现浇接头。分段尺寸计算如图 5-17 所示。

本桥应力计算时，先建立桥梁结构体系的有限元模型，整个桥梁采用四种单元；拱肋纵横梁立柱采用三维梁单元，拉杆采用杆单元，桥台及桥墩采用三维实单元，基础顶部的反力描述采用三向边界元。经北京交通大学土建系工程结构与实验中心验算认为：①经过对桥梁整体有限元力学分析、结构体系挠度和强度符合规范要求。②钢筋混凝土墩台及桩基验算合格，计算模型如图 5-18 所示。

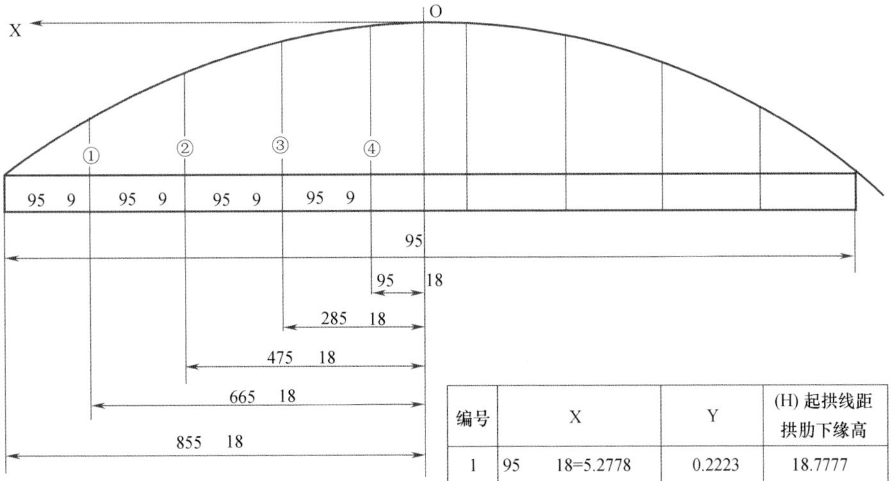

编号	X	Y	(H) 起拱线距拱肋下缘高
1	95 18=5.2778	0.2223	18.7777
3	285 18=15.8333	2.0114	16.9886
2	475 18=26.3889	5.6478	13.3522
1	665 18=36.9444	11.2499	7.7501

图 5-17　拱肋下缘高

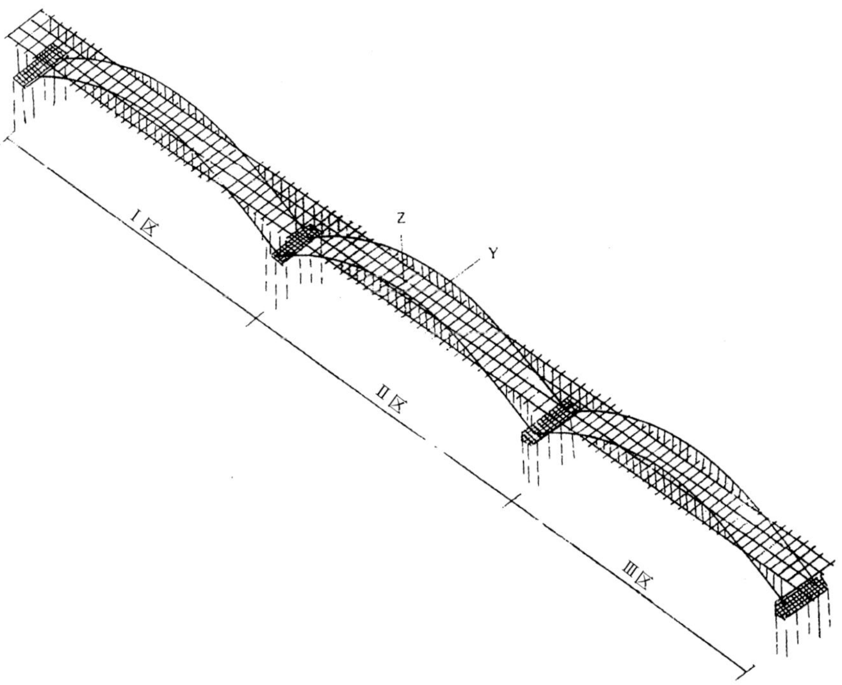

图 5-18　计算模型图

三、施工组织设计

四十六根基桩全部采用筑岛围堰在秋冬低水位时，用两部推土机，四台反循环钻机完成，现浇承台混凝土。

每片拱肋分成九段，每段又分成左右两片预制，年底前完成。安装时，第一孔第二孔在筑岛围堰上设混凝土临时支架基础，其上用圆木搭设支架，安放砂桶。水中部分第三孔打木排架桩便桥，上面用圆木搭设支架，安放砂桶。第一孔用25t汽车吊，第二第三孔安放轨道用龙门架吊装拱肋，合拢后再绑扎钢筋现浇拱肋中间部分的填充混凝土，于翌年四月前完成。桥面横梁全部预制，于五、六月安装。桥面纵梁现浇于六、七月穿插完成。桥面行车道，人行道，栏杆现浇，安装于八月完成。装饰，灯光照明于八、九月完成。

四、装饰与灯光设计

全部拱肋，撑系梁，边梁，立柱用白色丙烯酸喷涂，拱肋朝外两侧用反光漆涂刷。在阳光照耀下与蓝天碧水相辉映，显得非常和谐融洽。

十二座栩栩如生的汉白玉雕塑，矗立在拱肋与桥面衔接处，使整座大桥充满生机。

在横系梁两端部各挂两盏球形钠灯，位于桥台桥墩上面的八根灯柱上，用几十条钢筋弯制成雪松形状，用几百个彩色满天星小灯泡串联起来的被称为火树银花灯，让人耳目一新。人行道外四十八盏具有红、橙、黄、绿、青、蓝、紫不同色彩的射灯，照耀在桥面上空，形成彩色光团，通过拱肋上的反光漆反射出彩色光带倒映在水中，随着微微泛起的涟漪，勾画出一幅美丽的彩图。正所谓“彩虹飞架古渡变通途，沙河腾跃旧貌换新颜”。

（作者：漯河市交通局　叶秀芳，本文原载《河南交通科技》）

漯河牡丹江路沙河大桥设计构思

一、方案设计

漯河市城乡一体化示范区牡丹江路沙河大桥位于漯河市城乡一体化示范区起步区的核心位置，桥梁定义为城市景观桥梁。

景观跨河桥梁方案构思要既突出个性，具备“宏观构景，中观造势，近观显巧”的效果，又要富有深厚的桥梁景观文化底蕴，还要充分考虑两岸的地域特征，与两岸风景环境相协调。

牡丹江路沙河大桥位于未来漯河市城乡一体化示范区起步区的核心位置，未来周边存在较多现代化高层建筑，桥位处大堤间距约280m，现状水面宽度约170m，拓宽改造后扩展到220m。桥梁所在位置是整个新区水面最为开阔的地方，也是新区景观等级最高的桥梁之一。

通过使用人群的视野分析，该桥位的主要视点来自滨河公园内游人的近视点和各高层建筑的中远视点。从近视点观察桥梁，要求桥梁有适当的上构体量，整体气势磅礴，局部排列有序；从中远视点观察桥梁，要以桥梁的侧立面为主要观察点，要求桥梁的外形流畅、曲线优美。

推荐方案构思“翠链玉蕊”，漯河是一座苍松翠柏绿树成荫的城市，如果说沿河的绿地仿佛碧玉翡翠的手链，清澈的河水便是如丝的锦缎，而水面上凌空飞架的大桥则是这人杰地灵的天地间一颗含苞待放的花蕊。

方案采用新型拱梁组合体系下承式拱桥，采用两跨拱桥的形式，通过四片异形拱在桥梁中央相互交错，形成一颗含苞待放的花蕊。

这也象征了一体化示范区如同春天的百花之园，孕育了希望与梦想，一派欣欣向荣的景象！

二、环境和景观设计

(一) 景观设计原则

城市的景观设计一般具有以下三个特征：①符合造型美、功能美和形式美法则；②遵循与环境协调的规律；③体现自然景观、人文景观、历史文化景观的内涵或具有象征作用。

桥梁结构的景观设计又有其自身的特点。桥梁景观设计要遵循“多样统一，比例和谐均衡稳定，韵律优美”的基本原则。设计要有新意，要同中有异。要和环境协调，结构要求比例匀称，没有画蛇添足的多余装饰，有动感和韵律美。稳定安全则是对桥梁建筑最基本的使用要求。桥梁本身的结构处于平衡状态，各部分在实现功能作用方面所显示的安静、自信、坚固的形象，给人一种坚定、牢靠和不可撼动的稳定感。

(二) 桥梁景观设计

桥梁结构的景观设计也就是桥梁结构的美学设计，其发展大体可以经历如下三个阶段：

(1) 传统的桥梁结构，桥梁结构的设计以符合经典力学的要求为原则；

(2) 经典的景观桥梁，桥梁结构的设计在符合经典力学要求的同时，用美学手法对构件的尺寸、比例等进行优化，或对桥梁结构进行各种配饰；

(3) 现代的景观桥梁，在现代新材料、新技术的支持下，桥梁结构的设计不但满足功能和受力的要求，同时注重自身结构造型，注重与周边建筑形态和风格的关系，注重与地域、历史、文化风貌的关系。

针对此次漯河市城乡一体化示范区沙河大桥的景观设计，我们将综合运用各种现代景观桥梁的设计手法，从如下几方面重点考虑，展现区域的总体风貌和城市定位。

1. 桥梁结构造型

桥梁结构造型指通过对其形、色、质三要素的美学设计，来达到桥梁整体视觉上的美感。

“形”主要包括点、线、面、体等四方面，体现到桥梁景观设计上就是对细节节点、空间线条、组合图形和整体形态的美学设计。

此次针对漯河市城乡一体化示范区牡丹江路沙河大桥的景观桥梁，“点、线、面、体”的美学设计已经贯彻到每一个细节当中，如图 5-19、图 5-20 所示，具体如下：

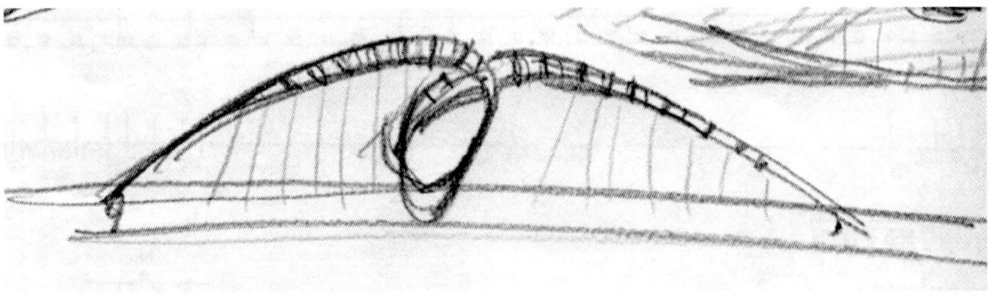

图 5-19　造型草图

点：四片拱肋相交于一个视觉集中点，在水面的映衬下更显亭亭玉立。

线：拱肋在立面上，线形飘逸、自信，具有丰富的韵律感；吊杆刚劲有力，造成强有力的空间节奏感。

面：两排斜吊杆组成的空间索面与钢拱飘逸的立面相互交织，虚实相应。

体：钢拱立面在横桥向空间延展，互相交错、融合、分解，给人以强烈的视觉震撼。

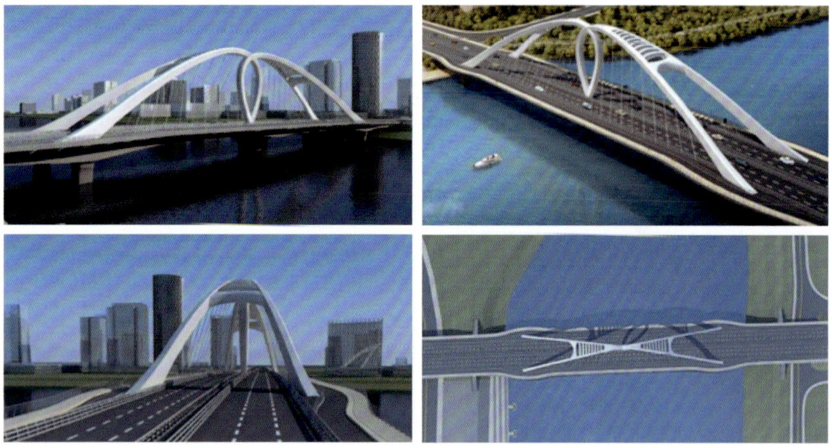

图 5-20　推荐方案效果图

“色”就是指对桥梁各个组成部件及整体色别、明度以及饱和度的美学设计。不同的颜色给人以不同的体量感、动感、质感和时空感。

此次设计同样充分考虑了桥梁结构颜色的恰当采用，如图 5-21 所示。

“质”就是指对桥梁各个组成部件通过采用不同材质的方法来实现整体的配比原则、主从原则和适合原则。

在所采用的材质方面，本次设计也给予了充分的重视，采用不同的材质表达不同的效果，给人的感受也各有不同，钢材、混凝土、工程塑料等常用建筑材料都有所应用。如图 5-22 所示。

图 5-21　明度高的色彩给人以轻巧感和动感

图 5-22　拱结构采用钢材，质感细密，给人以轻巧感。

2. 亮化景观设计

亮化景观设计可以理解为对建筑或区域的灯光环境进行测试、分析、评估，利用现代化高科技的照明亮化设备，进行科学的光学规划和艺术的光学设计，创造建筑或区域在特定灯光环境下的独特美感。

景观亮化是伴随现代化大都市崛起而发展起来的，并已经成为其重要组成部分和一道独特的风景线。作为以现代化典范综合城市体为定位的漯河市城乡一体化示范区，桥梁结构的亮化景观设计是整个城市景观设计的重要组成部分。

在本设计中，我们充分利用目前国际上先进的照明亮化科技设备，进行科学的光学规划和艺术的光学设计，可以为漯河市城乡一体化示范区的璀璨的夜景再添一道亮丽的风景（图 5-23）。

主要景观亮化思想如下：夜景照明的灯具是桥面重要的硬质景观构成，现代建筑夜景观设计提出了建筑与灯具一体化的概念，照明灯具也要与景观成为一个整体。灯具造型要与建筑风格和形态特征相一致，为了反映对地域文化的追求，有时还要选择具有地域风格的灯具造型。

图 5-23　亮化景观设计

3. 河道景观设计

沙河在城市总体规划中被确定为城市公共服务设施轴、生态绿化轴线。沙河沿岸的沙河公园已经成为城市重要的公共空间，其两岸城市景观也是城市形象的重要展示面，一河两岸城市设计将为建设新时代美丽的城市滨水空间起到重要的作用。

作为漯河市城乡一体化示范区景观设计的重要内容之一，河道景观构思包括：①滨河景观；②亲水道路、亲水平台的景观（图 5-24）；③河道中央景观（图 5-25）等内容。

4. 绿化景观构思

道路桥梁绿化总体的美学要求由桥梁的总体布局形状决定。由于道路桥梁可以绿化的面积比较有限，需要充分利用好路线上的可利用空间。通过绿化的层次规划、色泽和姿态图案，配以园林化的造型，加之照明灯具辉映，会极大提高城市建筑艺术的品位，增强桥的美感表象。

常用绿化如图 5-26、图 5-27 所示。

5. 附属结构造型与景观装饰

市政工程的主体结构往往能够满足某项社会性的使用功能，其景观设计往往是从宏观的角度优先考虑，而市政工程的附属结构属于主体结构的一部分，其景观设计要从微观的某一点上考虑。

漯河市城乡一体化示范区沙河大桥的附属结构景观设计同样经过我们的思考。这些附属结构包括：栏杆景观和路面装饰景观等。如图 5-28、图 5-29 所示。

图 5-24　滨河景观亲水道路、亲水平台的景观

图 5-25　河道中央景观

图 5-26　分车绿带景观（线上的绿化）

图 5-27　路缘景观（线上的绿化）

桥位所处漯河市城乡一体化示范区起步区的核心位置，将着力打造品质城、活力城、安全城、智能城、魅力城，追求人与自然相互协调，和谐共存，使城市让人们的生活变得更加美好。现代生态宜居新城的概念，已经脱离了传统钢筋水泥堆砌起来的高楼大厦，而是通过各种以人为本的景观设计手法，让城市更加人性化。

（作者：同济大学建筑设计研究院桥梁分院总工程师、教授级高级工程师　徐利平）

图 5-28　栏杆景观构思

图 5-29　人行道和非机动车道铺装装饰构思

第四节

桥城寄语

着力申报“中原桥都”打造漯河城市新亮点

近期，国务院批准了中原经济区国家战略规划，漯河作为中原经济区的重要城市，除铁路、公路交通枢纽优势外，沙河、澧河成为大自然赐予漯河人的得天独厚的自然资源，使漯河人因水而骄。

有水必有桥。漯河区划28年来，智慧的漯河人在市委、市政府的领导下，在“河”“桥”文化上大动手笔，绘就出了以“河”“桥”为主题的巨幅画卷，让世人瞩目，让漯河扬名。

改革开放，为中华民族注入了复兴强国的活力，更开启了漯河人建设美好家园的动力。漯河虽然没有名江、名河、名湖，但有清澈的沙河、澧河，养育着260万漯河人。7年来，市委、市政府高度重视沙河、澧河的开发建设，高起点、高标准、高效率地投入人力、财力，在“河”上花气力，在“桥”上下功夫，让沙河、澧河成为了令漯河人自豪的人间美景。更让人赞叹的是屹立在河面之上的座座跨河大桥，或斜拉俊俏，或宛若长虹，风格各异，气势恢弘，创造了中原桥梁建设的众多之最：跨度最大的拱桥（泰山路沙河大桥）、跨度最大的单塔不对称斜拉桥（嵩山路澧河大河）、跨河大桥结构形式最全的城市、跨河大桥最多的城市等；一桥一景，美不胜收，令人叹为观止。在沙河、澧河过境仅18公里的河面上先后建成了17座跨河大桥（另有在建3座、规划4座），其密度已让桥成为漯河独特的城市标志。如今的沙河、澧河两岸，岸柳葱郁，绿树成荫，小道蜿蜒，奇花纷呈，宛如人间仙境。驻足堤岸，沿河远眺，数桥比肩，映入眼帘，加之两岸错落有致的建筑作为背景，置身其间，如入诗画仙境。

漯河的桥文化历史底蕴厚重，古有“天下第一桥”之称的隋代“小商桥”，该桥比“赵州桥”尚早，距今已有1400多年的悠久历史。虽历数百年风雨侵蚀，仍在斑驳中彰显英姿，是宋代明将杨再兴于小商河畔血战金兵、马革裹尸的见证者。1964年，漯河首座大桥——交通路沙河大桥落成，被市民称为一桥飞架南北，沙南沙北变通途。区划后的28年，漯河人在沙河、澧河之上魔术般地建成了十多座具有现代气息和时尚文化内涵的跨河大桥，巧妙地把“桥”文化的历史与现实融为一体，以古颂今，以今扬古。这一座座大桥，正是漯河快速发展奔小康之桥，是漯河人勤劳致富、幸福圆梦之桥。

而如何利用这一成果发展漯河，促进我市城市品位的提升，让漯河的这一资源名垂青史，是摆在260万漯河人面前的一个新课题。

改革开放以来，我市的发展成果有目共睹，相继荣获“中国食品名城”等殊荣之后，更应高效发挥优势，彰显地方特色。没有特色的城市，是没有竞争力的城市，也是没有生机和活力的城市。漯河的特色在哪里？就是首家中国食品名城和沙河、澧河上的座座桥梁。当今每个城市的“名片”不少，你有、我有、大家都有，其含金量却大相径庭，独一无二的“名片”方显珍贵，才有价值。从古至今，不乏靠山吃山、靠水富水的先例：如黄山市（黄山）、桂林市（漓江）、杭州市（西湖）、九寨沟县（九寨沟）等。

试想苏州市就算不申报“国家园林城市”，其园林建设在中国甚至世界都是著名的。做好“中原桥都”申报这篇文章，把现有的桥文化资源变成促进漯河持续发展的永久资源和有利条件，可提高漯河的知名度、推进旅游业的大发展，为已获取的珍贵桂冠再添上一颗耀眼的明珠。

漯河申报“中原桥都”的条件已经具备，时机已然成熟。机不可失，我们当抓住机会，及时申报“中原桥都”，开发和有效利用资源，使中原增辉。

（作者：漯河市建设工程质量监督站　刘志杰，本文原载《漯河日报》）

桥城 —— 漯河

漯河，古称“螺湾”，因傍河而名：“蜿蜒东逝水，螺湾汇双河”，形象地映衬出漯河因河而名，因水而盛的显著特征。沙河、澧河横贯于全境，交汇于市中，加之颍河，使得漯河的水资源得天独厚：有河必有桥，漯河的跨河桥梁堪称中原一景，桥文化亦不乏深厚的历史和文化渊源。尚存的古代桥梁有隋代“小商桥”、明代“高桥”、清代“状元桥”；近代的有贯穿我国南北大动脉的“京汉”铁路沙河桥；最令人赞誉的是新中国成立后建设的36座各式跨河桥，横跨沙河，飞越澧河，飞架颍河，千姿百态，装点美化着这座滨河城市，也见证了漯河的繁荣与发展历程。桥，成了漯河的标志，也使漯河成为中原人心中赞慕的“中原桥城”。

漯河作为中原经济区的重要城市之一，除铁路、公路交通枢纽优势外，沙河、澧河、颍河成为大自然赐予漯河人得天独厚的自然资源，使漯河人因水而骄，因桥而傲。勤劳智慧的漯河人在“河”“桥”文化上大动手笔，绘就了以“河”“桥”为主题的壮丽画卷，使漯河让世人瞩目。

改革开放，为中华民族注入了复兴强国的动力，更激发了漯河人建设美好家园的热情和动力。漯河创造了四个中原之最：一是成为中原城市群中跨河桥密度最高的城市；二是中原城市群中30年内建桥最多的城市；三是沿河园林建设最美的城市；四是中原城市群中桥梁结构类型最多的城市。

如今的沙河、澧河之上，一桥一景，风格各异，气势恢弘，美不胜收，令人叹为观止。这些具有时代气息和时尚文化内涵的跨河桥，巧妙地把“桥文化”的历史与现实融为一体，以古颂今，以今扬古。

走近沙河、澧河两岸，岸柳葱郁，绿树成荫；驻足堤岸，沿河远眺，数桥比肩，加之两岸错落有致的建筑群作为背景，置身其间，如入诗画仙境般令人流连忘返。

（作者：河南漯河市建筑学会　刘志杰，本文原载《城乡建设》2015.2）

河桥文化：滨水城市点睛之笔

漯河地处豫南中心，文化底蕴丰厚，许慎文化、贾湖文化、三国文化都有其深厚的人文历史积淀和独特的个性文化底蕴；特别是沙、澧之水交汇于此，横贯市区，使漯河具有了不可多得的地理优势和宝贵的河脉资源，为我市建设特色城市、打造河桥文化提供了得天独厚的自然条件，可以说是一幅可供漯河人动大手笔规划、绘制靓城的大图纸。传承历史文化，挖掘开发城市现代文化，形成独特的城市个性。以河兴市、以桥靓市的城市文化构想应成为带动漯河经济、提升漯河文化品位的谋略之一，其历史和现实意义有目共睹。

自古以来，人类就有逐水而居的传统和本能。综观华夏5000年文明史，河桥文化不失为一大亮点。文明依水而兴、城市因水而盛已是不争的事实。“蜿蜒东逝水，螺湾汇双河”已成为沙澧有漯河的显著特征。漯河因河而名，因水而盛。沙澧河是漯河的母亲河、命脉河，也是城市的灵气所在，更使桥文化建设具有了独特的载体和不可人为的优势。“有河必有桥。”因此，桥景是河流的肋骨，也是承载城市交通连接的节点，更是塑造城市景观、实现城市特色、彰显城市魅力、打造城市文化的可塑载体。

在穿越漯河市区的沙澧河上，现有跨河大桥10座，其中沙河桥7座、澧河桥3座。始建于1964年的交通路沙河桥是我市最古老的跨河大桥，已有40多年的历史，为市区的南北交通发挥了极大的作用。7座桥中除泰山路沙河桥为中承式系杆拱桥、嵩山路澧河桥为斜拉桥式跨河桥外，其余均为平板式桥梁，桥头景观不鲜明，不能体现出独具魅力的桥梁文化。两岸的治理源于河，河的美化重在桥。因此，我市具有极大的桥梁改造、美化和装饰空间，可供我们在构建桥文化的过程中做巧文章，动大手笔。

河桥文化是城市文化的重要构成部分。桥梁的功能和作用除供通行之外，其反映地域特色文化内涵和供观赏的功能从古到今就十分明显，不乏惊世不朽之作。国内历史上著名的赵州桥、卢沟桥等以其厚重的文化特征已名垂青史；新中国成立后建设的许多江河大桥和现代建设的诸如上海南浦、扬浦大桥等名桥，无论在功能、形体和设计、技术等层面都创造了不少世界之最，其所承载的文化内涵和由其带动的经济效益及社会利益，已远远超越其自身的价值，成为推动城市经济发展和大都市建设的助力载体。这些成功的典范之作，值得我们借鉴和效仿。

漯河的城市规模不大，但有其自身的文化和经济特征。许慎文化举世闻名，沙澧航运历史悠久，所以我们的河桥文化可以在传承这些厚重历史文化上动动脑筋，再结合漯河的现代经济发展特征，体现出历史和现代文明的深刻内涵。从而形成独具漯河特色的河桥文化。

我市建设河桥文化应本着“立足现状、全面规划、深度设计、逐步实施”的原则，不贪大、不崇外、不套搬，对老桥改造以美化、亮化、装饰为主，一桥一景观，一桥一亮点。文化内涵既互相关联，又各具特点，还要考虑其文化内涵代表性、时效性。对待建的桥梁，要提高文化设计品位，使其尽可能成为代表城市文化的标志性建筑，提高城市的知名度，推动我市经济和房地产市场的持续、健康发展。

（作者：漯河市建设工程质量监督站　刘志杰，本文原载《漯河日报》）

建设漯河桥文化

漯河是个滨水城市，蜿蜒的沙澧河穿城而过，桥的作用就变得重要起来。屈指一数，竟有七八座桥架在市区两条河上。

桥的本意是从此岸到彼岸的必由之路，它的功能自然在于连通两岸，但是这些桥梁一旦建成，它便融于环境和历史，成为景观或标志。透过桥梁本身，我们可以看到很多的文化沉淀。

赵州桥让河北省赵县名扬天下，杜牧笔下

的“二十四桥”给扬州增色不少，长安灞桥的“伤感惆怅”成为离别象征，成都万里桥因“万里之行始于此”而声名远播，还有卢沟桥、泸定桥、汀泗桥……这些桥因为独特的历史事件而让人记忆深刻，成为人们向往的参观之地。

在中国著名的桥梁中，漯河的桥也有举足轻重的话语权。1982 年 6 月，中国科学院的专家李颖霖从一篇介绍宋代名将杨再兴陵墓的文章中发现漯河小商桥依然存在的线索，消息传到茅以升那里，立刻引起了他的重视。茅老对小商桥的事情十分重视，派专家赶赴临颍调查，结果判定：小商桥是隋代石拱桥，修建年代早于河北赵县的赵州桥。

小商桥作为现存的中国古老桥梁，自然有着巨大的开发价值，但若仅仅是小商桥单打独斗，则显得单薄；漯河市区的桥梁虽然形态各异，具备实用价值和观赏价值，毕竟时代年轻，不能担当桥文化的重任。如果让小商桥和漯河市区的桥结合在一起，打包宣传则是不错的选择。组成桥文化群进行宣传，小商桥挑起大旗，众桥梁遥相呼应。

交通路沙河大桥为城市主要干道，拓宽道路的同时可以增加复古景点，如建设“老桥横渡”水上浮桥，实现人车分流，减少交通压力，且能还原古老漯河的特征；彩虹桥位于沙澧河交汇处附近，水面宽裕且呈东西走向，每到夕阳西下场面蔚为壮观，可设立“虹桥夕照”景点，欣赏美景的同时感叹两河交汇的地理奇观；丁湾桥附近可设立“螺女浣纱”景点，介绍漯河水运以及古老历史；金山桥为传统的游泳场所，可以稍加改造，建立“金沙拍岸”景点，模拟天然浴场；黄河路沙河桥是连通召陵区的主要干道，召陵又是著名的春秋会盟之地，可在此桥附近绿化带里设立“春秋遗韵”景点，讲述那些金戈铁马的岁月；淞江路沙河桥通往字圣许慎故里，可以设立“许慎勤学”景点，增加漯河文化的厚重感；澧河上的斜拉桥造型别致，可以在附近绿化带设立“澧上往来”景点，讲述漯河礼尚往来的古朴民风等等。通过这些桥将历史事件或民风民俗串联起来，花费不大却很有价值。

沙澧河开发建设的效果已经呈现，漯河越来越美好，已吸引不少的外地游客参观浏览。再加上每年一度的食品博览会，外地客商也会有更多了解漯河的机会。客人们身处漯河的时候，引领他们观美景，赏水韵，品读桥文化；临走之时，再送客商一些漯河桥文化的艺术品，相信这些会让漯河的名声传播得更久更远。

（作者：宋建勋，本文原载《漯河日报》）

沙澧河物语

我是沙澧河。

多少年前，我心中苦苦酝酿的情怀是在东下的途中与你相遇，然后相依相守，永不分离。有了这个念想，我和我的兄弟便一路蜿蜒前行，挥手告别沿途多情的依依垂柳，翻转腾挪躲开身下碎石瓦砾的层层羁绊，风中含情的一片叶，雨中含笑的一朵花，这一切的一切对我都失去了诱惑。我心中那五彩斑斓的梦始终叩击着岁月的堤岸，虽历经百转千回，终心愿达成，将家安置在漯河——我心目中理想的圣地。

完成了一次生命的洗礼，终于凤凰涅槃，脱胎换骨，在漯河幻化成了人的形状，我很满足。

静静地躺在这片神奇的土地上，我惬意极了，决定在和煦的阳光下伸伸懒腰，于是，向西伸展开我的双臂，我的双臂是沙河和澧河，这两条河流从各自的源头出发，曲折蜿蜒，它们收起自己的棱角，将自己委身于宽窄不一的河床，随河流跌宕起伏，一路东下，在漯河市中心亲密交汇。由于它们经历的流域不同，即使交汇，仍泾渭分明，保留着各自生命的底色。向东伸展双腿，沙澧河水便从我的脚下缓缓东流，汇入淮河，成就淮河的波澜壮阔。

就这样，我把漯河市一分为二，南边为沙南商业区，北边为沙北行政区，我稳居正中央。南看繁华，北赏静雅，牵着春夏秋冬的手，沐着两岸四季的花香，从时间的上游走到时间的下游，在两岸绿意融融、花团锦簇的佳景中安享我的年华。

其实，以前我的身边不是这样的。

很久很久以前，漯河市是没有横跨南北的大桥的，后来有了铁路桥，后来的后来又有漯河大挢（老大桥）供车辆及行人通过。但是，这远远不能满足人们出行的需要，于是，人们就在今天的泰山路附近修了一座浮桥，每天，我仰视着南来的、北往的大人、小孩颤颤悠悠的从浮桥上经过，挑担的、推车的小心翼翼，亦步亦趋，生怕一不小心掉入我的怀中。我紧张极了，不敢直视，就把目光转向河的两岸，目之所及，裸露的沙滩上垃圾正肆意地晾晒自己的身躯，旁若无人。两岸丛生的杂草，似乎纠结于争风取露的过往，各不相让，以一种你中有我、我中有你的状态杂乱无序的生长着。看着我荒芜凌乱的家园，我很伤心，也很无奈，于是，偶尔我会发发脾气，趁着连绵的如注雨水倾泻而下，故意鼓起身躯使河水暴涨，从而引起人们对我的关注。

我在等待……我在原地，静静地等待……等待凝眸入画，等待姹紫嫣红……随着一座座大桥在沙澧河上横空而起，浮桥完成了它的历史使命，消失在我的视线里，我的家园也在慢慢改变着。

尤其是近些年，人们在我身边修路植树、种草栽花，草如绿毯花如海，到处是一派繁荣景象，真是“花枝草蔓眼中开，天光月影共徘徊”。繁华后的宁静与宁静后的繁华温暖了我一场又一场的旧梦，我不禁仰天而问：可否看见我面朝天空，充满热泪？我会流泪，是四野的碧绿湿润了我的双眼。环顾沙澧河岸边，百草丰茂，“碧玉妆成一树高，万条垂下绿丝绦”的柳树，一字排开屹立于岸的两边，长长的柳条在风中婀娜起舞，动美生姿，静美绝伦。

美好还在继续。

一棵柿树和一棵石榴树并肩而立，天长日久，柿树明显高于石榴树，成年的树又粗又壮，树干相互靠拢，大有合为一体的趋势，只有瘦成一条缝的风可以挤过。成长的同时，萌动的情愫在心中发芽，相爱的他们紧紧依偎在一起，柿树的树冠四周散开，为石榴树遮风挡雨，而石榴树羞羞答答将半部发梢插入柿树的树冠之中，含情脉脉，那花儿、那朵儿、那果儿，梦幻似的，交缠在一起。原来自然界从来不缺少爱情，而大自然的美也随处可见。

我会流泪，是四野的姹紫嫣红温润了我的双眼。风流动，色生香。桃花开、樱花开，还有一些叫不上名字的花儿，也依着自己的花期如约而开。尤其是到了三月，一树树的桃花开得放肆，开得喧嚣张杨。“坠粉飘红，日日香成阵”，满目的桃花花红蕊粉，在万绿丛中、在如织的游人欣喜的目光中笑红了脸、笑弯了腰，笑得花枝乱颤、笑得果绽枝头。

我会流泪，是漯河市“两城同创”的春风温润了我的双眼。春风在街巷间穿梭，使得小城建设旧貌换新颜，旧的大门关闭，新的大门打开，在这座人间天堂里，风含情，水含笑，大街小道错落有致、整洁漂亮，高楼大厦鳞次栉比、层楼叠榭，小城安定有序，人们安居乐业，品岁月之静好，享现世之安稳。信心、爱心、诚心、善心，心心向上，到处充满父慈子孝，兄友弟恭的温馨祥和之气，文明之花绽放在沙澧大地，绽放在每个人的心间。

凝眸四望，美景在侧。我很兴奋，张开胸膛，迎接鱼儿戏水，野鸭囚凫。

桨声灯影里的沙澧河，欢唱着幸福的歌谣，将沙澧大地的美景、美名传遍大江南北。

（作者：邢俊霞，本文原载《漯河日报》）

第五节

桥梁雕塑

雕塑不是桥梁建筑的主体，但每一处雕塑作品都赋予主体建筑以“点睛之笔”，使主体工程具有了活的灵魂和时代的记忆。

纵观国内外大的自然景观和标志性建筑，不乏雕塑点缀衬托的例证：故宫门前的华表雕塑，宣示了皇权至高无上的特征；“黄河母亲”虽欠宏伟，但点化出了黄河是中华“母亲河”的鲜明主题。这些本没有生命体征的石雕作品却给主体工程带来了鲜活的生命和美好的意境。

在漯河的桥梁文化中，共有二十一处雕像作品点缀其间，有的置身桥体之上，有的默守桥头侧旁，向世人诉说着一个个鲜明的时代主题和永恒的家乡情怀。

一、特区人（图 5-30）

1992 年 7 月 18 日，中共河南省委、省人民政府同意在漯河试办内陆特区，这是继“深圳特区”之后在中原地区设立的首个“内陆特区”；1993 年 1 月 1 日，中共漯河市委机关报《漯河报》更名为《漯河内陆特区报》。设立内陆特区，对漯河改革开放、经济社会的发展功不可没。故设计“特区人”雕塑以作纪念。

图 5-30　特区人

二、古渡（图 5-31）

漯河因沙河、澧河是淮河的主要支流，远古时代被称为“水旱码头”，可通江达海，为漯河的航运事业奠定了基础。河南省沙河航运处设在漯河，充分体现河南省交通厅对漯河航运事业的关注和支持。该组雕塑因此设计。

三、彩虹女（图 5-32）

泰山路沙河大桥系中承式拱桥，三跨，跨径100米，是河南省跨径最大，跨数最多的拱桥。亮化设计独特。每到夜晚，呈现出赤橙黄绿青蓝紫等七色，恰似彩虹飞架，分外迷人，加上水面上彩灯小船，像多位美少女在观桥景。

四、沙河魂（图 5-33）

每到汛期，沙河水波涛汹涌，气势壮阔，水面宽度达 300 米。该组雕塑喻漯河人的胸怀宽广，广纳四方好友。

五、青春旋律（图 5-34）

1986 年 6 月 28 日，漯河市荣获全国“田径之乡”称号，这充分说明体育健儿和全民喜爱体育运动被国家认可。设计该组雕塑预示漯河体育事业永葆青春。

六、拥抱明天（图 5-35）

改革开放给漯河城市建设、经济发展腾飞插上了翅膀。设计该组雕塑代表漯河人民迎接美好的明天。

七、竞技（图 5-36）

体育竞技雕塑在泰山路沙河大桥高调亮相，使节日的桥城散发出一派浓浓的动感气息。雕塑采用的植物为红绿五彩草，造型取样于各种竞技体育运动的经典瞬间，迸发出一股股奋勇争先、蓬勃向上的青春律动，成为市区观河路上一道亮丽的风景线。该雕塑为纪念漯河市 1986 年 6 月 28 日荣获全国“田径之乡”而特设。

八、美人鱼（图 5-37）

按传统说法，美人鱼以腰部为界，上半身是美丽的女人，下半身是披着鳞片的漂亮的鱼尾，整个躯体，既富有诱惑力，又便于迅速逃遁。她们没有灵魂，像海水一样无情；声音通常像其外表一样，具有欺骗性；一身兼有诱惑、虚荣、美丽、残忍和绝望的爱情等多种特性。

在默默为对方付出，不求回报，不求最后结果，但还是心中默默希望期待得到对方的回应。

九、吻（图 5-38）

各地有很多以情侣吻为题材的景观设计雕塑。这种雕塑景观，让人看到爱的深情。

十、展望未来（图 5-39）

立足今日，我们擦亮眼睛，走过昨日逝去的岁月，点燃新的希望，放飞新的梦想，在日子的隧道中穿梭。今天，又一个起点，又一轮朝阳，请打开你的心灵之窗，拥抱阳光！拥抱今天吧！

十一、母子情（图 5-40）

母亲对孩子的疼爱和孩子对母亲的依恋之情。

十二、爱（图 5-41）

喝澧河水，常怀感恩之心。爱心、关爱是中华民族的传统美德，有爱，世界才会充满欢乐与幸福。该组雕塑寓意漯河人的爱心无疆，要爱护漯河的母亲河——澧河；要爱护我们的美丽家园；要爱护人类生存的大自然。

十三、沙澧母亲（图 5-42）

沙河、澧河从漯河城区穿过，是漯河这座新兴城市的宝贵资源。澧河是中原城市群中水质最洁净的河流，是漯河人民的母亲河。为崇尚漯河青少年爱护母亲河、保护母亲河的情愫，特设“沙澧母亲”雕塑。

图 5-31　古渡

图 5-33　沙河魂

图 5-32　彩虹女

图 5-34　青春旋律

图 5-35　拥抱明天

图 5-36　竞技

图 5-37　美人鱼

图 5-38　吻

图 5-39　展望未来

图 5-41　爱

图 5-40　母子情

图 5-42　沙澧母亲

第六节

画笔下的河桥

溵水风帆

溵水风帆一景处（图 5-43）在郾城古城南城楼之南沿河一带，是郾城南门的古码头，即现在的郾城区文化艺术中心西南沿河地带。古时候，从现在的小南街往南是一条宽阔的道路，一直到沙河渡口，这里为水上航运的重要码头，许多船只常聚泊在这里进行交易，桅杆林立，流水潺潺，蜿蜒东去，城楼倒影于水面，每当拂晓和傍晚红霞映照，绿水、白帆涂上一层金辉。河边每天早晨，旭日东升，红霞映照，碧水金波，白帆点点；傍晚，夕阳余晖撒满河面，暮归渔船，笑语欢歌，市人登城凝望，景色宜人，常流连忘返，陶醉其中。城楼西侧有一块巨型青石碑，游人于此留恋观赏，常常抚摸碑面，天长日久，石面光洁如玉，清亮如镜。更为奇特的是：在阳光的照射下，碧洁的蓝天白云，飞鸟鸣禽；河岸旁树木村庄，车马行人；溵水之上孤棹扁舟，鹅鸭鹰群等美景尽映于青石碑面之上，美妙如彩色画卷，游人闻之蜂拥而至，争相观赏，“溵水风帆”因此得名，并声名远播。明代诗人谢公翼曾题诗曰：“城头烟色映青山，城底清流复几弯，何处客舟楼外过，东风吹送一帆间。”

图 5-43　溵水风帆

码头丹青

漯河是一方历史悠久、文化灿烂的土地。这里双河汇流，南北陆路畅达，东西水陆便利，曾商旅云集、百货荟萃，数百年里长盛不衰，素有“水旱码头”之称。

沙河东流碧，螺湾汇双河。舟行此焉薄，估客南来多。

江淮百货萃，此处星辰罗。木棉茧如雪，收入云间梭。

这首诗就是其繁华景象的真实写照。近日，我市著名油画家毛合民整理出22幅自己三四十年前的绘画作品，结集为《“水旱码头”漯河——毛合民三四十年前沙澧写生集》。这些作品重现了昔日“水旱码头”漯河通航的胜景和两岸百姓知足常乐的惬意生活。

创作于1978年的水粉画《装货》(图5-44)。码头上，数艘货船静静地停靠在岸边，工人们正在忙碌地往船上装运麦子、煤炭等货物。远处的河道内，能看到影影绰绰、大小不一的船只。

《修帆》(水粉)(图5-45)创作于1974年，记录了渔民对刚从船上卸下来的船帆进行维修的场景。十多名渔民或站或蹲在帆上进行维修，河岸沙滩上，几名居民正悠闲地欣赏着河上美景。

《访亲》(图5-46)(水粉)创作于1974年夏天。在停泊的货船中间，三艘小舟轻轻地划过。小舟上，站着几名访亲的居民，相互谈笑着，还有摆渡人在不停地挥动着手中的橹杆。这幅作品充分运用光和色，用无声的语言勾勒出沙河上渔民的风俗生活画面。

夏日(水彩)(图5-47)创作于1977年，放排(水彩)(图5-48)创作于1976年，远航(水彩)(图5-49)创作于1970年，《“水旱码头”漯河——毛合民三四十年前沙澧写生集》中所收集的22篇作品都是毛合民于二十世纪七八十年代在沙河岸边写生的作品，以水粉、水彩为主，再现了当年真实的场景，描绘了一幅幅古朴的画卷。在他的画笔下，沙澧河航运的红火、两岸如画的风光和渔民们忙碌而独具特色的生活场景跃然纸上，使观者如临其境。

据毛合民介绍，当时沙澧河的水位与现在相差无几，河面很宽，适合行船，航运业非常繁荣。当时通过沙澧河运输的主要是粮食、煤炭等货物，还会运输一些木材等。

从上游深山中砍伐下来的木材，组成木排，直接顺水运输，水彩画《放排》表现的就是这一场景。这些货物通过航运被送到上海、南京、合肥等地，经济、便捷。“当时通过沙澧河运输的货物太多了，繁荣的航运业养活了大批以此为生的渔民和生意人。”毛合民告诉记者，以前河上还有纤夫，二十世纪六七十年代，机电船开始出现，纤夫慢慢淡出人们的视野。

作为一名艺术爱好者，当时为了记录生活点滴，也为寻找创作素材，毛合民经常到沙澧河岸边写生，留下了这些生动自然、生活气息浓郁的画面。

除了航运题材外，毛合民的画笔下还留下了当时普通百姓水岸生活的动人片断。

毛合民告诉记者，当时两条河上鲜有钢筋水泥造的桥，两岸百姓走亲访友、出行等，全靠摆渡的船只，或者将船排在一起，铺成一条临时通行的浮桥。

“当时河水非常清澈，几乎能一眼见底。生活在河岸的居民，日常用水直接取自两河。距离河岸较远的居民，尽管守着地下井水，但还是以能喝到河水为荣。因此，每当听到沿街叫卖河水的商贩，很多居民就会迫不及待地提着桶，花上一两分钱买一桶，喝上几口甘甜的河水，心里那个美劲儿就甭提啦！”毛合民向记者介绍起当时两岸居民依水而居的生活场景，陷入美好回忆中。

毛合民说，出版这本写生集是想让大家都来爱护、保护我们的母亲河。他说，近年来，市委、市政府对沿河两岸进行改造、建设，建成了风景优美、让人流连忘返的沙澧公园。如今，河两岸天蓝水碧，四季景色宜人，如一幅流动的画，如一首动听的歌，诉说一个城市美丽的未来。抚今追昔，我们更应珍惜今天的幸福生活。

（作者：刘瑞红，本文原载《漯河日报》）

图 5-44　装货

图 5-45　修帆

图 5-46　访亲

图 5-47　夏日

图 5-48　放排

图 5-49　远航

图 5-50 岸边

图 5-51 待航

图 5-52 泊

图 5-53 待

图 5-54 渡

图 5-55 帆影

图 5-56 放鸭（一）

图 5-57 放鸭（二）

图 5-58　河上春日

图 5-59　浣

图 5-60　澧河人家

图 5-61　情旅

图 5-62　晴日

图 5-63　整装

图 5-64　归来

图 5-65　造舟

图 5-66　争航

农民画中的河桥

舞阳历史悠久，文化灿烂。舞阳农民画以其独特的风格蜚声海内外，被列为第一批河南省非物质文化遗产。舞阳县也先后被国家文化部命名为“中国现代民间绘画画乡”和“中国民间文化艺术之乡”。

舞阳农民画（图 5-67~ 图 5-74）滋生于古老文明的文化环境，以原生态民间艺术为母体，融汇了剪纸、刺绣、木雕、壁画等民间艺术技法，自成一脉。它以丰富的乡村生活为源泉，既继承和发扬了舞阳传统的民间文化，又融溶着开放的现代意识，描绘民间习俗，讴歌现代生活，其迥异的绘画风格和强烈的艺术个性，成为艺苑奇葩，为画坛瞩目，在全国产生了较为广泛的影响，先后有近百位作者的千余幅作品分别参加省级、国家级展览或被选送国外展出，并获得多项大奖，其中有多幅作品被国家、省、市相关机构收藏。

图 5-67　张新亮《漯河神韵》

图 5-68　周春丽《春满沙澧》

图 5-69　解书苹《我家门前有条河》

图 5-70　王文浩《满眼风光》

图 5-71　武天举、黄爱军《东河湾、西河湾》

图 5-72　周晓松《娶亲路上》

图 5-73　樊小敏《秋韵》

图 5-74　张新亮《清溪》

第七节

河桥文韵

水城漯河

一

水是城市的血脉。

在漯河大地上行走，你会欣喜地看到两条奔放的河流：沙河和澧河。他们如同两个孪生兄弟，手挽着手，从我们这座城市穿境而过。清亮亮的河水，仿佛一把温柔的腰刀，把沙澧两岸，切割成一片片美丽的风景，星落在豫中平原上。

是水，让一座城市顾盼生辉。是水，让一座城市神韵天成。

在漯河大地上游览，你应该慢下自己的脚步。这样，你才能仔细端详那一只只水晶般的眸子。在沙澧河清澈的倒影里，你终于看到了凝重深沉的山陕会馆，看到了许南阁祠的镏金匾额，看到了大槐树美丽的传说，看到了金沙滩的漫漫黄沙……

桥，一座又一座美丽的桥，横跨在沙澧河的河水之上。它们是河水的情人，也是河水的卫士。这些痴心的大桥，承载着漯河今世的繁华，也守护着漯河古老的风情。

驻足在彩虹桥上，看沙洲片片，芦苇青青。东去的沙河水仿佛用她仪态万方的奔腾告诉我：“碧水不墨千秋画，沙澧无弦万古琴。”

二

一座城市就是一部历史。漯河没有帝王之都的沉重，却得江南水城的韵致。

到沙澧河边散步，你不能不看螺湾渡口的大槐树。大槐树站在沙、澧河交汇处的南岸，巍峨的云冠，清凉的华盖，虬龙般的枝干像两只结实的臂膀擎向两侧，撑起一片葱茏的绿荫和鸟语，俯视着这个喧嚣和繁华的世界。看一眼，你的心里会怦然一动。再看一眼，你的魂就被她勾走了。

按说，一棵树长在哪里，沐浴过哪里的风雨，历经了多少人情冷暖，决不是偶然的事。它一定包含了天地运行的玄机，是造物主经过缜密思考的结果。事实正是如此，沙澧河边能有这么一棵古槐，也确实是我们这座城市的福气。据说，这棵大槐树与明朝永乐年间的那次大迁徙有一定的渊源。如今，几百年过去了，一代代的人在老去，然而大槐树依然年轻。它用它那生生不息的枝丫，在空中划出自己的生命精神，挥洒出一段生命的悠长。而在古槐的荫庇之下，一代又一代的漯河人在这片热土上繁衍生息，勤劳创业，见证了漯河从一个不见经传的小村寨，一步步发展成为闻名遐迩的“水旱码头”、“北方水城”，乃至现在的中原地区富有魅力的新兴城市的发展史。

沙河东段，有一个“万家埠口”。1903年，平汉铁路建成通车后，“万家埠口”被改造成了远近闻名的“漯河老码头”。当时的漯河港非常繁华，年货运量超过42万吨，占沙河水系的87%，是河南省最大的内河港口。平日里，河道上舟楫云集、船来船往，搬运工穿梭不停。两岸的河滩上，到处是一堆堆金黄色的沙子。岸边商铺、旅店林立，众多产业生意兴隆。每当夜幕降临，码头上的煤油灯摇曳，灯光映照在河面上，清风拂过，波光粼粼。然而，令人遗憾的是，随着20世纪70年代中期一批拦河闸的建成，曾经辉煌两千年的漯河航运从此断航。

一日读报，忽然看到一则漯河港复航的消息。漯河港的开工建设，重新唤起的将不仅是一段尘封已久的记忆，更是一个城市鸣笛扬帆、通江达海的希望。

沙澧河今生有幸，她将重新见证螺湾渡黄金水道的复活。

三

漯河是一座五彩之城，树是漯河最美的语言。

每个季节，你在沙澧河边都会看到不一样的树。即使是同一天，你在不同地方，也会看到这座城市不同的色泽。

春天，在樱花苑。你会看到，草坪上全是怒放的樱花！似雪，非雪，一团团，一簇簇，一层层，层层叠叠，密密麻麻，把枝头都压弯了。金色的阳光投射在薄的、轻盈的、透明的花瓣上，别有一种鲜丽和清澈。“借来清霜二分白，淡极方知花容颜。”樱花开得那么坦诚，那么直白，那么恣意，仿佛把整个生命都投入了进去，那场面真是壮观。走在樱花树下，闻着那幽幽的花香，你会想到浪漫的城市，想到沙河女神，想到沙澧河畔美丽的传说。

夏天的时候，在蝴蝶谷。你会看到一种花，淡淡的幽香溢满了整整一座城，这就是紫薇花。紫薇花由六片花瓣组成，中间是细长的黄色花蕊。每一片花瓣上都有一条细长的柄，支撑在鼓形的胚珠之上，数十朵小花组成一束，十几束又组成一簇，似兄弟姐妹般地凑在一起，亲密无间。清风中，她们婆娑起舞，情趣盎然。宋代诗人杨万里有诗云：“似痴如醉丽还佳，露压风欺分外斜。谁道花无红百日，紫薇长放半年花。”可以这么说，紫薇花就是漯河这座城市里的生命之花，它们和漯河的文化景点融为一体，是一道互为补充，互为精彩的美丽风景线。

秋天，是最绚烂的季节。你可以到老虎滩看银杏。在我眼里，河畔的那一棵棵银杏树，就像一个个文人，腰身清秀。一片片叶子，就像文人手中的折扇，轻摇着一声声清词丽句。当秋风袭来的时候，银杏叶子清一色的绿，瞬间变成了清一色的黄。纯纯的鹅黄，宛如一树树美丽的黄花。婉约不失庄重，风雅不失端庄。徜徉在银杏树下，人们仿佛走进了油画凝重的意境，躁动不安的灵魂霎时就得到了安宁。

你也可以到凤凰山一带看桂花。“叶密千重绿，花开万点黄。”刚进入九月，凤凰山的桂花就静悄悄地开了。走近这里，你会感受到桂花所独有的香气，像海浪一样扑鼻而来。桂花的香味是一种幽香，传得远。深吸一口气，仿佛桂花的香气注入了你的身体，你有一种在桂香里沐浴的感觉，身心顿时清爽起来。李清照词曰：“暗淡轻黄体性柔，情疏迹远只香留。何须浅碧深红色，自是花中第一流。”可见，桂花的清香是一种幸福的味道，有了这些桂花，整个漯河都变得轻盈而灵动。

最有趣的是到老大桥西侧的河堤上看栾树。栾树长着碧翠的叶，像一片片绿色的羽毛。栾树又称灯笼树、摇钱树，开金黄细碎的花。九月之后，那些金黄变成浅绿，再变成粉红，一朵一朵，像一簇簇火在树顶燃烧。远远看去，这些绿叶之上的红叶，如绿海上飘着层层的红云。一身的绿，一簇簇的黄，一串串的红，一树三色，是这样的繁茂，这样的分明。其实，那红色的并不是叶，而是一种果。外面是三片精美的叶缝成的一个口袋，开着缝，里面是两三颗绿宝石一样的籽。这些果，一大串一大串地挂着，像满身的口袋，一直挂在深秋的风雨里，和秋风一起摆动。一派的喜气，一派的奔放，如节日来临。栾树用它的美艳征服了秋天，给沙澧大地带来无限的宁静和安祥。

漯河的色彩，不只表现在这些树上，也出现在我们目光无法到达的地方。那是漯河远古的传奇散发的光辉，也是漯河的绚丽梦想绽放的光芒。

“碧水不墨千秋画，沙澧无弦万古琴。”水城漯河，一个独领风骚的人文之都。水城漯河，一个再续新篇的现代新城！

（作者：王剑，本文原载《漯河日报》2016年2月26日文艺副刊）

沙澧河梦想的见证者

一个人，身处滚滚红尘，无论铭刻还是忘记，都是我们生命中的一抹风景。

一座城，经历沧海桑田，无论颓丧还是繁华，总会留下物换星移后的一丝记忆。

在漯河，人们的记忆中，沙澧河是怎么也绕不过去的。

从古到今，从小到大，漯河因水而美，因水而兴。她在历史的长河中，迎来送往，吐故纳新，充满着创造的冲动和激情，从中原走向世界，从过去走向未来。可以说，是沙澧河，塑造了漯河独特的城市品格；是沙澧河，将漯河的生灵滋养，并积淀出厚重的文化底蕴。

历史上，因沙澧河相汇处河湾状似海螺，漯河曾名“螺湾河镇”。《郾城县记》记述：“沙澧二河在镇西北汇流，形似螺，因此名湾为螺，地以湾名。”很早以前，由于这里双河汇流，舟楫便利，其东通于海，西达于山，南北陆路畅达，故商旅群集，百货荟萃。楚汉、冀鲁、山陕商贾，云集于此，进行物资交流。若您了解漯河，若您静坐沙澧河畔，或许还能从缓行的水流中，听到曾经喧嚣的余音，触摸到远去的古老繁华。

水是生命之源。万涓成水，终究汇流成河。当沙河澧河合体为一，便汇聚出一股强大的动力；当一波碧水向东流去，城市发展的脚步也叩响了。生生不息，奋进不止。在河畔，我追逐着水流的脚步，寻找着沙澧水韵，感受着沙澧情怀。是惬意，是聆听，更是在阅读沙澧河的前世今生。

沙河和澧河作为淮河的两大支流，她们一路风尘仆仆，浪尖向前，蜿蜒而来，在这里双河汇城。是的，河流走过，留下了深深的脚印，浅的是村庄，深的便是城市。漯河，也因两道清流的交汇，变得灵动起来，变得更加诗意了。应该说，漯河是一座幸运和幸福的城市，是一座被两条河滋养的城市，更是一座流淌着千年古韵的城市。

如果你是有心人，就不难发现，漯河人在言行之间，都带有沙澧河的气度，举手投足之间，也带有沙澧河的影子。

这世上的每条河都是有性格的。在我看来，沙澧河的性格是多样的，她温柔而热烈，她娴静而豪放，就像漯河人的性格，温柔时如溪水，热烈时如炉火，娴静时如姣花，豪放时如大江东去。我不知道，是不是沙澧河的性格影响了我们呢？可以肯定的是，漯河人的拼搏进取的劲头，是与沙澧河的性格一致的，因为从来没有什么困难会羁绊河的脚步，也从来没有谁可以禁锢人们的思想。

当然，沙澧河也一度被人们疏远，一度成为人们心中美丽的痛。这或许是，城市化进程中，我们过于注重“兴业梦”，却忽视了“绿化梦”。那段日子，沿河旧城区的房子越建越密，河岸的风景遭到破坏，河水甚至被污染。一时间，“脏乱差”这三个字，俨然成为沙澧河在人们心目中的新印象。于是，人们开始有意躲着她、远离她。她静静地蜷曲在那里，似乎在流泪，无奈地接受这短暂的黯淡。

她沉睡了。

当“要金山银山，更要绿水青山”的号角响起，当整治沙澧河的“组合拳”亮出，沙澧河苏醒了。短短几年时间，她比以前更加艳丽了，她们像一对姐妹花，身披华丽衣装，焕发出新的生机与魅力，也将漯河人的梦里水乡装扮得更美了。如今，漫步沙澧河畔，抬头亦见绿，起步便闻香，侧耳有鸟鸣。当你漫步到泰山路沙河大桥，依桥栏西望，那玉带缓流、莺啼燕鸣、湿地草坪、木廊甬道、雕塑盆景，既富有现代感，又不失古典韵味，浓郁的诗情画意扑面而来。这美景让我忘掉了自己。如果说，水是漯河城市的华美外衣，那么，一座座跨河大桥，就是这件华美外衣的纽扣——交通路沙河大桥、人民路澧河大桥、嵩山路沙河大桥、太行山路沙河桥等，横水而架，连接南北，它们将这座城市的美，点缀得更加端庄，更加完美。

沙澧河公园是景致，也是人们的乐园。晚饭后，人们或坐在石凳上低语，或散步聊天，或伫立在岸边听河水缓流、观沿岸夜景，甚是惬意。有时，月光从树叶的间隙溜进来，窃听了很多年轻人的爱情故事。人常说，河流是城市在夜晚的抒情场，而让人们的生活变得更温情。或许，正是有了这些，沙澧河的夜便具有了某种迷人的魅力，就更加浪漫了。

在中原大地，烟树远村，田畴麦浪，是一种心怡图景。

而在城里，看河边垂钓，赏斜阳金色，何尝不是一种诗意呢。夜晚，清风徐来，彩灯璀璨，交相辉映，光影和谐，像萦绕在城市之上的抒情小夜曲。人们漫步沙澧河畔，但见河水柔软光滑，像少女的皮肤。河面上，映印着斑斓的灯光，璀璨耀眼，逐水而动，那是城市闪亮的眸子，荡漾出人们心底的涟漪；那是繁华之中的精灵，闯进了久远的梦，编织成一种优美的舒展和悸动。

此时，人们已经进入梦乡，沙澧河呈现出一种宁静之美，静得能听到细柔的水流声，像在呢喃，又像是窃窃私语，难道她在讲述有趣的漯河故事？我坐在沙河岸边的长椅上，静静地看着她、聆听她……那清爽的风，掠过树枝和花草，让我的内心变得安宁而沉静，目光变得悠远而深邃，思绪伴着流水缓缓淌进梦里……有人说，河是城市流淌的灵魂。的确，水有多长，我们发展的思绪就有多长；水有多深，我们思想就会有多深。

三十年前，漯河升格为省辖市，在困难面前，我们选择了奋力突破；三十年前，漯河面临重大考验，在变革面前，我们选择了勇敢发展。拼搏与进取、发展与辉煌、光荣与梦想，这座城市前行的每一步，沙澧河都默默地记录着、见证着。当然，走过三十年，漯河又是一个新的起点，就像那蜿蜒东去的沙澧河水，为了新一段征途，已积蓄了更为强劲的力量，孕育出一个更大的梦想——那就是近 300 万人的“漯河梦”。

（作者：曲从俊，本文原载《漯河日报》）

沙河赋诗十首

螺湾贾棹

明　王季立（永乐郾城知县）

沙河东流碧，螺湾汇双河。
舟行此焉薄，估客南来多。
江淮百货萃，此处星辰罗。
地卑物产少，耕稼唯刍禾。
木棉茧如雪，收入云间梭。
巨商割民脂，民赖苏沉疴！
逋与岁时积，吾其奈民何？

溵水渔澄

明　王季立（永乐郾城知县）

月弦夜色暗，霜降溵水收。
长年治生计，群然理渔舟。
鸣榔惊水底，篝灯耀船头。
星桥跨云际，火树明中流。
红影碧渊湛，清光镜波浮。
以兹足赏玩，绝胜眠黄紬。

过溵阳

明　车玺

三月轺车过溵阳，谩收清景入吟囊。
麦波卷雨翠千顷，桃萼迎风锦万行。
闾巷有声喧读诵，流逋无数反耕桑。
素飧愧我才何补，独幸垂衣仰圣王。

河上有怀

明末　理寒石

谁傍轻舟逐浪飞，孤云怜客缀寒衣。
鬓从久旅飘零尽，书为无钱典卖稀。
扑径黄花秋冉冉，连天野水梦依依。
壮年霸气成萧瑟，回首召陵吊落晖。

溵水

清　力廷辉（字棣园，雍正年间郾城县令）

烟光隐显水涯东，片片飞帆度晓风。
绕郭清波溪漾锦，迎流楼舫客推篷。
旌旗仿佛巡长岸，橹舵停凝达远空。
一刻神行均破浪，须臾但见影迷濛。

螺湾河上独游

清　孙履嘉

独步东城外，螺湾水气凉。
连村勤稼穑，曲岸列帆樯。
市近鸡鸣午，风高叶染霜。
莫嫌估酒薄，自饮菊花旁。

秋暮登郾城南楼

清　孙履嘉

不减登临兴，南楼目可穷。
晚山青入冥，秋浦绿回风。
槐老盘乌鹊，沙明落雁鸿。
长淮应在望，烟水一渔翁。

注：“南楼”为郾城小南门外之阁门楼。“晚山”指城西南相隔120里之山嵖岈山。“槐”为小南街之古槐，今余枯干。

溵水风帆

清　谢德征

雉堞参差映远山，俯临城下面河湾。
一声雁度还留影，舟后孤云己自闲。

潴水怀古

清 谢德祉

潴水年年未有更，何人初美碧流清。
一从洗耳开波面，不许贪泉问胜名。
秋岸荻花立野鹭，春堤柳浪任啼莺。
有钱欲买扁舟至，月上浮光唱古情。

舞阳八景·沙河晚渡

烟波浩浩际平沙，茅舍滩头八九家。
泛泛柏舟惊落雁，招招兰桨荡残霞。
风来绿水千层浪，月上黄芦两岸花。
几度朝天经此地，傍人尽道泛仙槎。

（整理：范子文 赵永胜）

两条河，途经我们的城市（组诗）

一条河流，正在启程

当我喊出源头
一条河就已经启程
一泓，又一泓
蓄积着她的奔腾，她的汹涌，她的浩荡

天空多么澄澈，大地多么
洁净。无边的绿色
铺满旷野
吹过来吹过去的风
追寻着河流自由的走向

与荒原交谈
与岩石、清风交谈
与船只、古栈、茅屋、山寺、天空交谈
与庄稼、阳光和土地，交谈
穿过田野的河流
如同一根悲悯的脐带
系住了万亩良田
让一座城市无忧无虑地活着

一条河终其一生，只有一件事
就是将自己送到
远方。没有什么
能够阻挡她的奔流！
一条河的内心
总是充满血液的热度
她的坚韧和善良
纠正着中华文明的发声

河的内心住着自由的魂魄

快一些，再快一些
一条河流，总是用奔走的方式
延长生命

向前走。这是一条河的本性
河无法更改自己的道路
但是河的内心，住着自由的魂魄
它风中的骨头，在嘎巴作响
河占领沟壑
敲打顽劣的鹅卵石
有时也撕碎自己，矗成瀑布
河把柔韧铺开
让幸福的帆船，快乐地行走

浪花是河的舌头
河滔滔的话语，只说与天地
一条河的奔走
改写了庄稼和村庄的命运

至于河流与村庄，哪个更早
我并不知道

一条河，强行挤进了我们的身体
变成一条有温度的红色的河流
它行走于我们的内心
细细勾画出
我们一生的辽阔

河水绕出了丰美的曲线

一条河，拐了几道弯
在村庄的边沿
绕出了丰美的曲线

一片芦苇，呼啦啦地站着
绿了一茬又一茬
一头老牛啃食着青草
尾巴抽打着光阴
几只白鹤在浅水里，打坐
牧鹅的少年，捡拾着
草窠里热乎乎的鹅蛋

河堤上，劳作的农人
三三两两归来
大黄狗摇着尾巴
白杨树哗啦哗啦拍着手
一个稻草人
侧耳偷听着他们的谈笑

几个女人在河湾里洗澡
这是她们划定的领地
她们丰满的曲线
羞得夕阳睁不开眼睛

贾湖，沙河走失的一粒水滴

八千年的贾湖
是沙河走失的一粒水滴
总让人想起潋滟的湖水
想起摇曳的芦苇
一株芦苇，就是一阕婉约的小令
丹顶鹤，在湖边悠闲地散步
脚步想怎么慢就怎么慢
水鸟的翅膀，接连划伤几朵浪花
一千朵白莲开在湖心
开成一大片莲叶田田的诗句
被时光悄悄摘下，珍藏

总让人想起地穴式草房
想起石斧，弓箭，鱼骨钩
女人们穿着兽皮裙，裸露着背
跳着原始的舞蹈
她们丰润的乳汁，正滴入婴儿的唇
男人在丛林里，打猎
与随时降临的危险对视
时间如同流水，发出苍凉的涛声
古老的太阳照耀着
大地上奔忙的头颅和四肢

此时的田野
泥土的气息，一浪高过一浪
谷穗在大风中成长
无数金黄的光芒，喷薄而出
我看见，谁的汗水洒进了田里
谁用结满老茧的双手
紧握这一生的植物
我听见，古老的陶罐里
酒的翅膀在飞
金色的粟啊
这是你汩汩流淌的血液在歌唱
你芬芳的歌声，划破
水气迷濛的夜空
在中华大地上，为贾湖
写下浪漫的乳名

就着这歌声，贾湖

八千年的贾湖
你却在一天天消瘦
最终，瘦成一支七音骨笛
在历史里吹

油菜花，一条金色的头巾

每年春天，油菜花总会推门而入
给沙澧河系上一条
金色的围巾

瓦蓝的天空下
油菜花肆无忌惮地开着
淋漓尽致地香着
她们从来不知道什么是含蓄
她们的热情
为沙澧河打下一片辽阔的江山

再没有什么，比这更霸气的了
盛开的油菜花
高昂着头颅的油菜花
多么像一丛丛无畏的呐喊
她们燃烧着光、美好和信仰
向身边的城市
传递着爱，传递着温暖
传递着幸福

桥，河流的几根琴弦

河水弯进了我们的城市
一座桥，又一座桥
成为了河流的琴弦
轻轻拨动
就有一串动人的音符

桥与河，原本是一对爱人
桥是河伸出的手臂
河是桥沉沉浮浮的心事

河与桥的距离
其实正是心与心的距离

夜有多宁静
桥就有多妩媚

只是，没有人知道
站在河边凝望的人
也是一座桥
一座有根的桥
河流带走了他倥偬的岁月
却无法带走
他对这座城市的依恋

一条河，拥抱另一条河

一条河拥抱另一条河
两颗奔腾的心，紧紧贴在一起
花朵静下来
鸟鸣静下来
阳光也静下来
此刻，爱情
成为两条河相会的唯一的理由

这该是怎样的一种幸福啊
亘古的思念，千里的跋涉和寻找
终于能够长相厮守，相伴前行
河水欢快的流淌里
我似乎看见了他们相见恨晚的眼神
我分明听见了一条河对另一条河倾情的诉说
倾刻间，两条河的缠绵
已把一座城市的爱的心扉
悄然打开

今夜，在大槐树渡口
月色轻轻将我覆盖
我看见，一对又一对的恋人
面对交汇的河流，许下爱的诺言

他们希望
两条河流的拥抱，就是自己的幸福
爱情就如彩虹桥上的
灯盏。正在他们的心空
一朵一朵地打开

许慎，静坐在沙河岸边

一条沙河
足够一生饮了

许慎，特地从
千里之外的都城，赶来
像一棵茅草
在沙河边落地生根
一钵米，一颗果，一盘蔬
不悲，也不喜
沙河张开双臂，拥抱他
就像拥抱一朵傲霜的菊花

他常常坐在岸边，思考
鸟鸣，月光，船谣，像春雨
一遍遍清洗他的心灵
风、火、雷、电，这些纷扬的天象
在他的心头轰鸣
忽然，雾消云散。阳光普照
他终于破解了天地大谜
两千年了，而我们
只能在一本宏大的字典里
与他的神秘相遇

隐居沙河。想想
就让人神往
何时让我也变成一棵草吧
就种在沙河边上
饮清风、明月、水声、云影
然后，绽放一朵
美丽的诗章

一条船，在秋风中穿梭

天一亮
小谭渡就醒了

太阳从柳梢上探出头来
如一尾红鲤。云朵停在天边
河两岸盛开的村庄
静如水墨

一条铁皮船，开始
在秋风中穿梭
河水轻轻扣着船舷
白发的艄公说着古老的乡音
把一个人送到对岸
就像把一份美好的祝福送过渡口
船客一个个走了
唯有渡船，无法走出命运的迷津

入夜，河流醒着
艄公内心的灯盏，也亮着
月光如水，抚摸着
他斑驳的相思、苍凉的叹息
以及苦

沙澧河，两个生动的偏旁

向着召唤的江，出发
向着辽阔的海出发
沙澧河，你是中原大地
两个生动的偏旁

多少人，在你的偏旁里走远
多少人，在你的偏旁里留下
面对你，我不能说什么
我的一生，注定要和你血脉相连

你的心跳，就是一座城市生命的呼吸
你的命运，就是中原大地的命运

你的方向，就是我追寻的方向
我必须捕捉你的细腻与生动，快乐与悲伤
然后，为你写下一万年的沧桑
写下一万年的未来

今夜，等万物入睡之后
我要去河边捡拾一些诗歌的羽毛，取暖
可是再美的诗歌，
也无法表达我对一条河的好感
那我就做一棵树
与你比肩而立
我们共守着河流巨大的隐秘
不管前世，或者今生
我们都将成为永恒的风景

（作者：王剑，本文原载《河南诗人》杂志）

漯河的桥

一

从日久狭窄的等待里溯流而来
谁知道，河与河之间的沟通
有多少纯情执守
又有，多少的寂寞相伴
绿肥红瘦的季节
花月纷飞的沙澧河
撑一只竹做的长篙
两岸的足音，与诱惑纷沓
只因那过往的每一次泅渡
让凄风苦雨，反复地冲刷
渡口
成了根追忆的独木

二

门前的沟壑
曾在黄土地上，深深勾划了一道弯弯的对号
浑浊的血液
在奔流的沙澧河里流淌
日夜不息
几块浮木，组成一幅跳动的音符
最早春风中骑在清澈的河
大椿树旁
你经历了十二年的风风雨雨
三十三孔斑驳的桥洞
记录了多少变迁
河水清澈地依旧流淌
哦，多好的木头呀
如果做成书橱
会把名人大家珍藏
如果盖个小饭馆
也有闻不完的酒香
而你默默在这河上坚守
只为人们出行不绕远
只为孩子能准时走进课堂
黄蝴蝶不为你起舞
粉脑壳小鸟不为你歌唱
只有霞光照临
才会
把你的沉默
奔涌成金色的辉煌

三

终于，浮木成了基石
在曾经苦苦泅渡的地方

建起了一座真正的桥——沙河大桥
在沧桑的岁月中
你，承载着古老的传说
把螺湾镇的记忆
从苦难的深渊拽到了文明的境地
牛行街的宁静与喧嚣
早在红砖青瓦中，融入了都市的元素
沙河上古老的风韵与现代都市的繁华
一并结合着
漯河的风
漯河的土
漯河的人
漯河的情
在沙澧河畔繁衍、生生不息……

四

你还好吗
沙河大桥
还记得你的桥墩施工
像打夯更像船夫拉纤的号子响过
你还好吗
烈日下骑在欢腾的河
那座彩虹桥
也曾在桥上与她相遇
却情窦初开面如彩虹般羞涩
啊，斜拉桥啊
曾在你的见证下热恋
也迎来花轿从你身上走过
你还记得吗
冰雪里骑在封冻的河
那座澧河大桥
车轮滚滚而过时
心中扬起豪情万丈
如霞似火

五

桥头
又响起了汽笛吆喝
桥下
又滑过了欢闹游艇
我在桥上倚栏远望
沙澧两岸萌动春色
我踏着残雪缱绻而去
回首往昔朦胧泪已洒落
清晨我爱听你汽笛响过的回声
那喑哑的声音
分明是腾飞之歌
我爱看你黄昏时分的幽静
和你身下任性飞扬的渔火
还有脚下
雪白飞溅的朵朵浪花
那是沙澧儿女不知疲倦的拼搏
啊漯河的桥
和那四季变换的沙澧河
魂牵梦绕
一生
一世
一任
风雨飘摇岁月蹉跎
你始终岿然不动
轻轻弹奏五弦琴
在沙澧河畔
谱写一支又一支五彩的奋斗者之歌

（作者：吴继红，本文原载《漯河日报》）

第八节

海员俱乐部

海员俱乐部（图 5-75）位于漯河市滨河路东段沙河南岸。1957 年，沙河航运转制收归国有后，河南省航运部门修建了漯河海员俱乐部。

海员俱乐部为砖木混合结构，建筑面积 1000 ㎡。海员俱乐部是漯河因水而兴、因航运而繁荣的历史写照。今天，虽然海员俱乐部历经 60 年的历史沧桑而显得破旧不堪，失去了它昔日的繁荣景象，但伴随着沙河周口至漯河段复航的逐步实施，未来在沙河碧波中航行的现代化机动船，将和历史上樯桅林立、帆船点点的历史画面一样，形成漯河一道新的亮丽风景线。

图 5-75　海员俱乐部

第九节

其　他

漯河市委办公室“内部参阅”

桥文化——漯河应该珍视和培育的一张牌

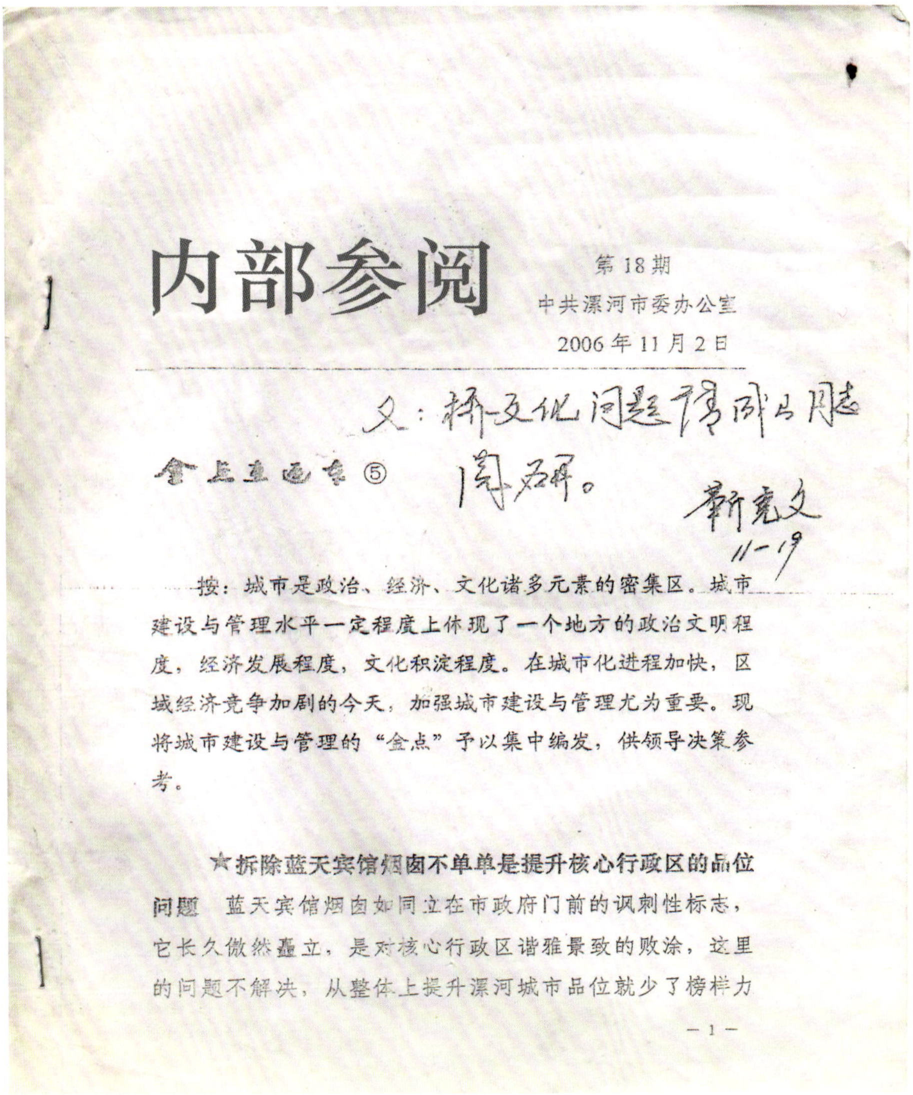

内部参阅　第18期

中共漯河市委办公室

2006年11月2日

文：桥文化问题请刚与同志阅研。

靳克文 11-19

金点直通车⑤

按：城市是政治、经济、文化诸多元素的密集区。城市建设与管理水平一定程度上体现了一个地方的政治文明程度，经济发展程度，文化积淀程度。在城市化进程加快，区域经济竞争加剧的今天，加强城市建设与管理尤为重要。现将城市建设与管理的“金点”予以集中编发，供领导决策参考。

★**拆除蓝天宾馆烟囱不单单是提升核心行政区的品位问题**　蓝天宾馆烟囱如同立在市政府门前的讽刺性标志，它长久傲然矗立，是对核心行政区谐雅景致的败涂，这里的问题不解决，从整体上提升漯河城市品位就少了榜样力

— 1 —

★桥文化——漯河应该珍视和培育的一张牌 重庆号称中国的桥都，而与沙澧相拥的漯河，上有厚重的小商桥文化，今有滨水之利，市区已建的各种桥梁多达十余座，并有数座跨河桥在计划建设之中，称为“中州桥都”实不为过。如果真正确立起桥都意识，相信我们会把已建的桥装扮得更美，对拟建桥的图纸设计会进一步追求个性特色，从而避免雷同，形成一桥一景、桥桥靓丽的桥文化景观。桥文化实在是漯河应该珍视和培育的一张牌。（刘志杰）

★市区单位、门店等标志牌实行中英文对照意义重大实施要有决心 在全球经济一体化的今天，经济融合已经成为不可逆转的大趋势，吸引越来越多的国外战略投资者投资漯河，既能够为我市实现三大目标提供强大经济支撑，更能给漯河百姓带来无限福祉。吸引国外投资除了双汇等优势企业等良好载体之外，营造良好的外部环境，也是加快与外商接轨、与国际接轨的重要一环。市区单位、门店等的标志牌实行中英文对照即是很好的切入点。其意义：一是能够形成较好的融合氛围，让外国人到漯河有家的感

我市申报“中州桥都”具有重要意义

内部参阅

第21期
中共漯河市委办公室
2007年11月30日

金点直通车 A⑤

要强化市县区域经济发展联席会议及其办公室职能 加快县区域经济发展是漯河全面振兴的基础和关键，已被全市上下所认同。不断强化市县区域经济发展联席会议及其办公室职能是形势之需，要通过资源的有效整合，把市县区域经济发展联席办督导、指导、服务职能常态化，工作人员专门化，分工明晰化，加强各级相关政策、经验的学习、研究、吸收，加强与上下左右的沟通与联系，提升工作的针对性、连续性，致力提升参谋服务实效。加强联席办“统”的职能，督促市直部门搞好下放县区政策的落实。为推动工作的深化，联席办每年要专门组织系列活动，如举办高层次论坛、外出考察等，借力借智，加强引

— 1 —

轨线路，沿途设立较大城镇站点，开发建设沿途小城镇，带动沿线地区经济发展。通过一系列扎实工作，最终要推动实现郑州市与三市之间的通讯同城、金融同城、邮政同城、质检互认、环保生态同域、旅游同城、社保同城等。（李旭）

我市申报“中州桥都”具有重要意义 漯河市区拥有跨河大桥数量之多，全省独一无二，是一笔宝贵财富。我市申报“中州桥都”（可向河南省建设厅或河南省市政工程协会或更高一级申报）可推动旅游业的发展，也是提升城市竞争力的又一张靓丽明片。目前，我市的滨河绿化和景观建设颇具规模并有一定的档次，但桥体景观与桥头景观（或滨河景观）不配套、不协调、不统一，改变这种缺陷正是我们努力的方向，近期大桥的亮化、美化已成为城市的亮点。建议加大对漯河桥梁建设的宣传，尽快编辑漯河桥梁建设画册；成立漯河桥梁工程协会，为政府提供桥梁加固、改造、新建桥梁方案；组织召开桥梁建设研讨会，吸引桥梁专家为漯河桥梁建设献计献策，使漯河“中州桥都”声名远扬。（刘志杰）

《中国桥梁》对漯河桥梁的记载

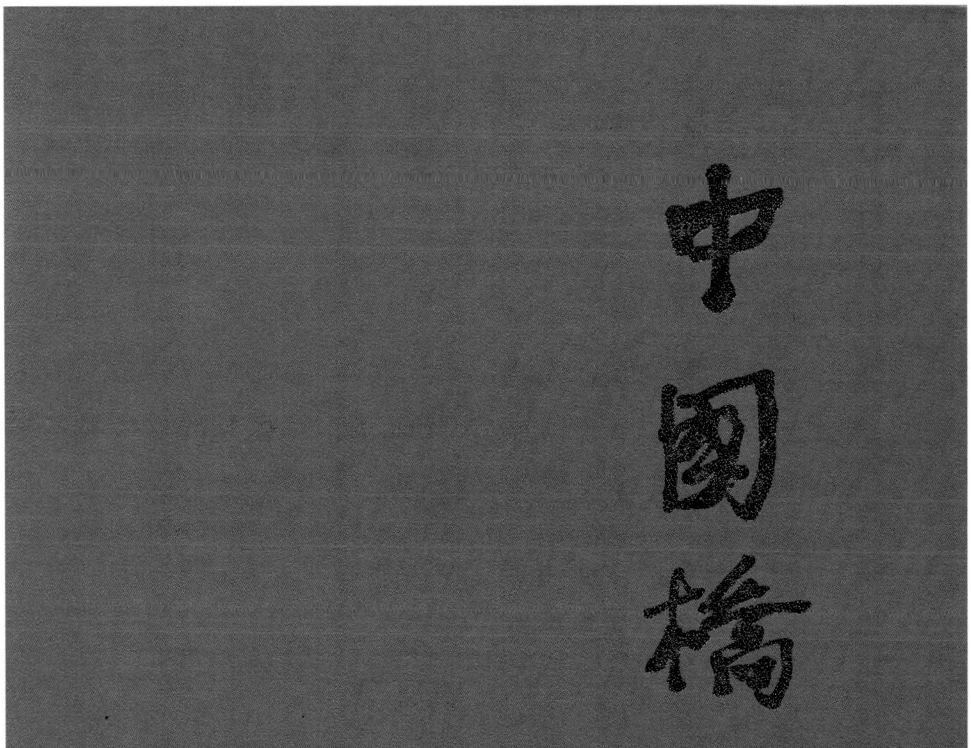

舞阳北午渡桥 Beiwudu Bridge

北午渡桥位于河南省舞阳县，系一撑架连续板桥。桥全长250m，主桥7×30m，引桥5×6m；桥宽8.4m。该桥特点是利用斜撑架以加大桥孔，支承于跨0.27*L*处，结构轻巧省料，桥墩支撑和桥面承重板均采用预制构件拼装而成。下部结构板采用 φ1.1m钻孔灌注桩基础，每墩4根。于1979年建成。

河南省许昌地区公路总段创建、设计与施工。

Name: Beiwudu Bridge
Location: Wuyang, Henan Prov.
Main span: 30m
- 7×30m Strut-framed continuous slab bridge

Completed in 1979
Designed and constructed by Xuchang Highway Section, Henan Prov.

《中国桥梁史纲》对漯河桥梁的记载

5.2.3 河南临颍小商桥

桥位于河南临颍、郾城两县交界处的皇帝庙乡商桥村，跨颍水（旧名溵水，又名小商河），历史上是郑州至南阳、徐州至西峡、漯河至界首三条交通的咽喉。该桥创建于隋开皇四年（584），俗称隋桥，为单孔圆弧形石拱桥（图5-4）。

现存桥洞三孔，并非敞肩式，因小孔并未压上大孔，是小孔桥台和大孔拱券石的组合（在清乾隆时的地方志中已作正确记载）。桥全长21.3米，两岸小拱脚间距为20.2米。大孔净跨12.1米（有记11.6米），矢高3.06米（有记2.20米）；小孔净跨2.6米，矢高0.6米；桥宽6.5米。大拱券厚65厘米，上有两道眉石。小桥拱券厚55厘米，上有三道眉石，眉石逐层向外突出。大小拱券均用20道券石并列砌筑，在并列石券间有就地浇铸的腰铁。

1990年的考古发掘发现，桥下河底用12排青石板铺砌，板长50～145厘米，宽46～70厘米。石板下打有木桩，桩径15～20厘米，间距64～135厘米。桥基砌筑与隋长安灞桥基本相同。

《中国古代桥梁》对漯河桥梁的记载

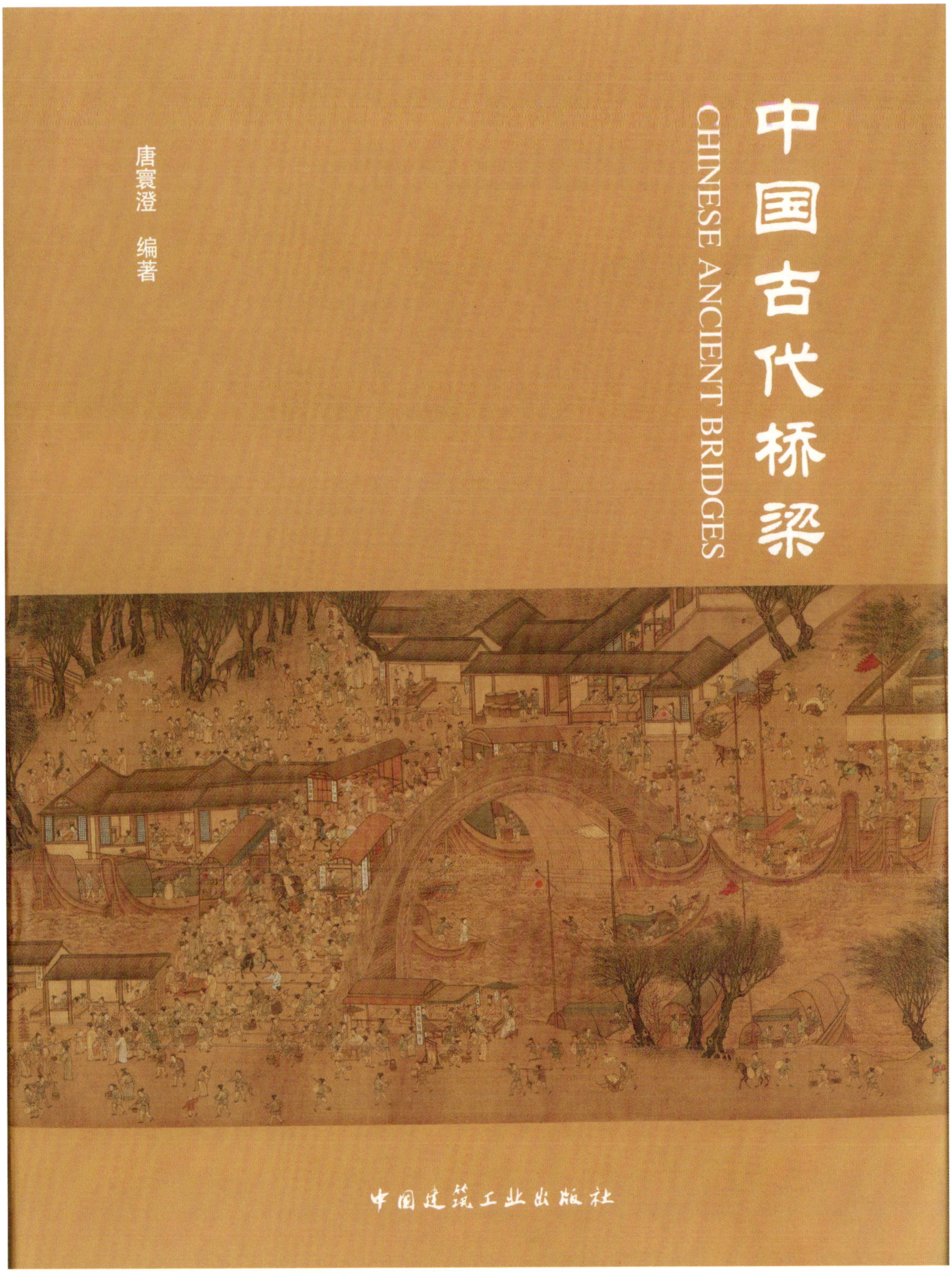

其宠臣宇文恺、何稠都是建筑能手，所以在长安造霸陵桥。大业元年（605年）造洛阳天津桥，开创用“铁锁维舟”的铁链浮桥。炀帝东征朝鲜，西讨西羌，随路造桥。后期政治荒废，因未在位时曾封于广陵（今扬州），故对扬州特别留恋，通运河，经汴泗下扬州。扬州在隋时便以二十四桥著名。二十四桥一说是二十四座桥梁；另一说是月夜炀帝与后妃游赏于桥上，共二十四人，故名二十四桥。以前者的说法为是。

隋代留下的最著名的是建于隋文帝开皇四年（584年）的河南临颍小商桥，为单孔敞肩圆弧石拱桥。而始建于隋开皇十五年（595年）、完成于炀帝大业二年（606年）的河北赵州安济桥；是一座更大的单孔敞肩圆弧石拱桥。其桥跨桥式，称雄世界达1200余年之久。

自西汉末出现石拱桥到赵州桥建成约700年，石拱桥达到了登峰造极的地步，在隋一代是个飞跃。这一技术的成熟亦是积渐而成，正好到隋代瓜熟蒂落。技术和政治是两回事。政治经济形势可以为技术发展创造有利的（当然也有不利的）条件，却不能代替技术的创造和成就。造桥的毕竟是安济桥大匠李春，而不是炀帝杨广。

唐祚甚长，共290年之久。其中贞观之治、开元之治和天宝初期允称大唐盛世。唐代在民族和睦的日子里，丝绸之路通畅无阻，协和万邦。当民族关系紧张的时候，战乱不休，唐经和吐蕃（藏族）、与胡人安禄山，以及后来黄巢起义几次战争，元气大伤。可是治长乱短，唐朝在桥梁建设方面亦多建树。

《唐六典》、《日知录》记唐时桥梁：“凡天下造舟之梁四，河则蒲津、太阳、河阳，雒则孝义。石柱之梁四，雒则天津、永济、中桥，灞则灞桥。木柱之梁三，皆渭川：便桥、中渭桥、东渭桥。巨梁十有一，皆国工修之，此举京师之要冲也。其余所管州县，随时营葺。其大津无梁，皆给船人（设渡）量其大小难易，以定差事。”所谓“国工修之”即由国家拨款督造的国家级桥梁。唐代李吉甫撰《元和郡县志》便记载了很多地方上的桥。

“造舟之梁四”中的蒲津浮桥在今山西永济和陕西朝邑之间，秦时已有此桥，一直维持到隋末。唐李渊起兵太原，便与隋将争此桥，桥遭到破坏。唐高祖得手后即予以修复。唐太宗李世民过此桥，甚为得意地赋诗歌颂。唐玄宗李隆基对蒲津浮桥作出了更大的贡献，于开元十二年（724年），改竹索浮桥为铁锁浮桥。虽是步天津桥的后尘，但踵事增华，用铸造精良的铁牛、铁人、铁山、铁柱以维铁链。“开元文物”，“锻锁河中”，宋真宗还专程瞻仰。如今已有遗物发掘出世。

太阳浮桥在今河南三门峡市，贞观十一年（637年）唐太宗遣邱行恭所造。河阳浮桥在洛阳，始自西晋杜预，继造于北魏董爵。唐高祖武德三年（620年）因战争桥断，后续。

附　录

附录一

民国《郾城县记》关于渡口的记载

若津梁道路曰大南关渡、小南关渡。

西关渡（在西河村）。

漯湾河渡　县东五里。

漯湾河西渡。

万家埠口渡　县东南八里。

龙塘渡　县东十里。

刘李埠口渡　县东北十五里。

傅家埠口渡　县东北二十里。

河涯李渡。

青龙镇渡　县东北二十五里。

十五里店渡　县西十五里，上下渡二，在寨南门外。明隆庆时，尹庄柴龙柴虎置渡船河南北，舍地均八亩以为渡夫费渡，南约半里许刘湾村东柴家庙有碑。

新店集渡　县西二十五里，上下渡口三，南门外一，尚家堂一，冉家口一。

三里桥渡　县南。

月儿湾渡　县西南八里。

八里亭渡　县西南二十五里，上亭下亭各一。

抬起头渡　县西南十八里。

湾赵渡　县西南十二里。

十五里店义渡记　明：渡在城西十五里店南门外。隆庆时，柴龙、柴虎所立。施有义地，河南、北均八亩，以养渡夫，不得索渡客钱。立石于刘湾村东头柴家庙渡南半里许。

附录二

民国《郾城县记》关于桥的记载（摘录）

三里桥渡　县南。

湾赵渡　县西南十二里，曰北关石桥。

王店桥　石桥二，店南一，店北一，塼桥二。

沙埠口石桥　勒姓创建，明末圯靳氏子孙复修。康熙五十八年复出庠生。靳大成重修，长八里，高八丈，共三孔，中孔高三丈。

小商桥　在南寨门外小溵河上，赵遵律曰：“隋开皇四年建。”李耀林曰：“唐高祖时创修，元仁宗时重修。”

革乞勒石桥　明时每岁造木桥，水至辄毁。嘉靖时，知县姜大成始建石桥，共十三孔，高一丈三尺，宽一丈八尺五寸，长十五丈。

陶汝弼为记，今长十二丈四尺，共十孔，孔宽六尺。

东关小石桥　桐渠沟石桥四　在半截塔。

人和寨洄曲石桥　在寨南，三孔。

高桥店洄曲石桥　城东南二十五里，三孔。万历间富商姜姓重修。

王马店涧洄曲桥　城东三十五里，一石桥在店西偏，一土桥在店东偏。

沱口石桥　洄曲河上，三孔，刘氏修。

五孔石桥　在县南三十里，与西平交界，石界河上，通郾城、西平南北官道。石界河即淤泥河。明弘治时，邑人郭玥、道士张普明与致仕巡检安宏始为桥，三孔。嘉靖初毁，玥子僦与宏于臣合众改修为五孔，以癸巳成，赵应式为之记。

九孔石桥　在五孔桥北百步许，宽一丈二尺，长十八步，高八尺，与五孔桥为南北驿路之要。乾隆十五年，西平人张惠民、邑人程士会、温世用、郭璜、温继志、陈治图、相成德重修。

大石桥　在城东南四十五里，石界河上，三孔。嘉庆十五年，柴鹤年妻刘氏捐资重修。

丁家桥　在城东南四十九里，石界沟口东。明天启三年，举人谢三诏重修，后丁广重修。

五沟营洪河土桥二　一在寨东南门，一在寨东门。

马沟桥　沱口东九里，洪沟上。

尧河石桥　在尧河村，三孔。

裴城石桥　在街西。

响水桥　在裴城西阁门外。

太平桥　在坡刘村东南，以红石为之。

赵桥　石桥，久圮，后改木桥。长八丈余，宽九尺，高八尺，共九孔。

截河桥　石桥，久圮，改为木桥，长五丈，宽一丈，高五尺。

白桥　石工，长七尺，高五尺，共五孔，中孔宽九尺。

赵桥去截河桥十二里，截河桥去白桥五里。

尚庄木桥　长十丈，高二丈，共五孔，中孔宽一丈二尺。

杨庄木桥　长九丈，高二丈，共五孔，中孔宽一丈二尺。

白庄木桥　长十四丈，高二丈，共六孔，中孔宽二尺。

栗庄木桥　长八丈，高一丈二尺，共五孔，中孔宽八尺。

尚庄桥去杨庄桥一里，杨庄桥去白庄桥一里，白庄桥去栗庄桥八里，栗庄桥去?勒桥八里。

大杨庄桥　在村西南，地名九龙，有路六条，三渠。杨振卿修桥二座。

孟桥　杨泉独工。

双龙桥　距城十里。

双凤桥　在问十镇西门外一百步。

曹店小石桥二　曹怀玉建，一在寨后，一在东门外。

西师桥　问十镇东一里，许跨溏河，五孔。

板桥　在寨东门外，后改石桥。

白寺石桥　一在北门外，六孔；一在西门外，三孔。

东师桥　大刘店，北师庄西，五孔。

望天冈石桥　庄西半里，五孔。

竹沟石桥　白寺寨东二里，三孔。

苏堂西石桥　距大刘店四里，三孔。

古城石桥　在东门外，一孔。

陶桥　在庄西，五孔。

小河王石桥　在庄东，三孔。

李冈石桥三　一在庄北，二孔；一在庄西，五孔；一在庄东北，三孔。

谷观石桥二　一在观东王村南，三孔；一在观西刘村南，三孔。

翟庄石桥　在庄东北，三孔。

指挥寨石桥　在庄南，三孔。

王孟寺石桥　在寺西，三孔。

寺后张石桥　在庄西北，三孔。

三里桥　圮。

牛栏桥　旧在沱口东四里，洪沟上，废。

跋

我是幸运的，在《中原桥城 · 漯河》与读者见面之前，有幸拜读书稿，遵本书主编刘志杰先生所嘱，撰跋。吾深为志杰先生对家乡漯河的赤诚、对桥梁学术的挚爱所感动。

本书将漯河桥梁悠久的历史、璀璨的现实，深厚的文化底蕴、精美的建筑结构、技术形制的多彩纷呈、传文诗画的精到计抒，实实在在捧现于读者面前。

本书对漯河的桥梁文化进行了基础性的研究。此一开创性工作，将漯河的桥梁建设与经济发展、社会进步紧密联系起来。读之，桥梁文化对漯河城市品质提升的独特作用呼之欲出。

子曰：智者乐水，仁者乐山。我想，达者乐桥。山水精华内化人之品质，仁智者乐于山水。何以乐？知而行，行而爱，爱而享，享而乐。了解研究了漯河的桥，深切理解了桥之独特而多样的功能，进而爱桥赏桥，享桥之品、桥之美，桥之众……乐则油然而生。

桥，突出特点为达。连而通，通而达。桥，将山、水、人结合起来。人之智慧、技术巧妙利用自然条件而有桥，由此及彼，天堑变通途。桥，成为天人合一的佳作。桥，将物质、社会与文化结合起来。贯通材料、结构、环境和文脉而精美组合，桥乃天成。于是，桥有了更多的社会功能和文化意蕴。造型之一张一驰，形体之一石一木，装饰之一线一品，景观之一椅一柳，皆引人品味、驻留、遐思、回望……乐桥者，达人也。

何为达？知山水之理，行连通之事；爱天人之合，喜交汇之乐。

愿本书为漯河增光添彩。

贾衍邦

二零一六年三月

贾衍邦，男，1954年1月出生。籍贯山东省黄县。1978年2月—1981年1月，山东大学经济系求学；1982年—1993年，建设部干部学院从教，历任教研室主任、教务处副处长、培训部主任，助教、讲师、副研究员；1993年—2003年，建设部从政，任直属机关党委宣传部部长；2003年—2015年，建筑杂志社从文，任总编，副编审、编审，主管《建筑》《城乡建设》两刊编辑工作。

后　　记

中原地区是中华文明的摇篮，自上古时期中原就形成了发达的农业文明，在诸多地域中率先跨过了“文明的门槛”。而在这一片土地上孕育升腾的中原文化，则是中华文化之根，无论是元典思想和政治制度的建构，还是汉字和商业文明的肇造，抑或是重大科技发明的产生，都烙下了中原文化的印记。

桥文化是中原文化不可或缺的组成部分之一。东汉许慎《说文解字》【卷六】【木部】中，对“桥”的解释为：“水梁也。从木乔声。巨骄切。”桥乃水之栋梁，“有桥千程近，隔水咫尺遥。”江河虽孕育了人类文明，也滋养着一带百姓，但仅仅是一水之隔，却在一定程度上阻碍了交通往来与经济的发展延伸，李白有诗咏叹江河阻隔之苦：“横江一渡风波恶，一水牵愁万里长。”智慧的祖先通过桥梁的架设，使得天堑变通途，不仅连通了此岸与彼岸，还使得桥成了文化的有力载体。桥梁除了具有交通功能之外，还肩负着记录和传承传统工匠技艺的使命，同时还承载着历朝历代一个个脍炙人口的历史故事与传说，桥文化筚路蓝缕一步步走来，绽放着时光雕刻出的傲人风彩。

河南省漯河市地处中原腹地，人杰地灵，桥文化在这里大放异彩。古有闻名遐迩的小商桥，创建年代可追溯至隋开皇四年（584年），至今留存；今有平汉铁路沙河大桥、牡丹江路沙河大桥、泰山路沙河大桥、嵩山路澧河大桥、太行山路澧河大桥等横亘在母亲河之上，行人辎重往来便利。漯河市桥梁历史之悠久、数量之繁多、造型之丰富，堪称中原地区之最。伴随着桥梁的建设与发展，漯河市充分发挥河流资源优势，取得了经济的又好又快发展。

纵观中国城市发展史，每座城市在发展经济的同时，都在关注、发掘、研究历史与文化内涵，打造特色文化名片，以文化凝聚人心，以文化推动发展。

河南省土木建筑学会桥梁建筑文化研究中心组建一年来，在有关部门的大力支持下，尝试编写了这部旨在全面反映漯河古代、近代和现代桥梁建设的图书——《中原桥城·漯河》，作为漯河建立省辖市30周年献礼书奉献给读者。本书由漯河古代桥梁、漯河近代桥梁、漯河现代桥梁、漯河桥梁的功能和作用、漯河桥文化等部分组成，是一部具有浓厚地方特色的桥梁建筑与文化的记录。希望本书能够架起一座文化之桥、友谊之桥、发展之桥，在时间的长河中连通古今，在空间的脉络里延展内外，将漯河“中原桥城”这张名片展现给广大读者。

在本书即将付梓之时，感谢多位漯河市文化名人、媒体记者、摄影人士等对本书编写工作的无私支持！由于编者水平有限，难免有所疏漏，不周之处敬请读者多多批评，并加以斧正。同时，由于时间有限，图片来源原创作者恕不能一一标出，在此一并致歉、致谢。

刘志杰

二零一六年三月